JN222914

高校と地域の
パートナーシップ

―協働が未来を拓く―

荻原彰・小玉敏也 編著

学文社

【 執筆者一覧 】

＊荻原　　彰　京都橘大学　　　　　　　　　　　【はじめに・第 2 章・第 4 章・第 8 章】

　及川　幸彦　奈良教育大学　　　　　　　　　　【第 1 章・第 2 章・第 3 章】

＊小玉　敏也　麻布大学　　　　　　　　　　　　【第 2 章・第 5 章・おわりに】

　中口　毅博　芝浦工業大学（名誉教授）　　　　　【第 2 章・第 6 章・第 7 章】

　水山　光春　京都教育大学（名誉教授）　　　　　　　　　　　【第 2 章】

　江森真矢子　一般社団法人まなびと　　　　　　　　　　　【実践事例 1】

　吉岡　雄志　岡山県立矢掛高等学校　　　　　　　　　　　【実践事例 2】

　小市　　聡　NPO 法人体験活動サポート開港場　　　　　【実践事例 3】

　小野　敬弘　宮城県多賀城高等学校　　　　　　　　　　　【実践事例 4】

　浅井　勝己　長野県白馬高等学校　　　　　　　　　　　【実践事例 5】

　石丸　幸勢　神戸大学附属中等教育学校　　　　　　　　　【実践事例 6】

　奥津　憲人　新渡戸文化中学校・高等学校　　　　　　　　【実践事例 7】

（執筆順，＊は編者）

はじめに

　私たちは，「今の高校は……」とか「これからの高校は……べきだ」とか高校について何か述べる時，次のような前提に立っていないだろうか，……高校というところは，大半の授業が講義形式で，都市でも地方でも同じような授業が行われている，違うのは偏差値による序列のどこに位置しているかだけだ……と。

　しかし，今，高等学校（以下，高校）は大きく変わりつつある。金太郎あめのようにどこの高校も似たようなものだとみなす考え方は妥当性を失いつつある。

　高校が変わってきた原因は，高校教育の改革に的を絞ったと言われる現行学習指導要領の施行，大学入試で総合型選抜が主流化してきたことなどいくつか考えられるが，高校と地域の協働が広がってきたことも一因であろう。たとえば長野県の白馬高校はスキーを中心としたグローバルな観光ニーズを取り込んだカリキュラムを自治体や地域のホテル等の支援を得ながら行っている。大阪府の西成高校は西成の人権団体や自治体と協働して差別と向き合い，人権を守る反貧困学習を行っている。

　当然のことであるが，地域との協働は地域に根差したものであり，地域によって協働の内容は異なる。地域の個性が教育に反映し，高校教育は多様化してきた。それは，かつて国の教育政策が進めてきた人的資源の開発による経済成長の促進を目指した学力に応じた多様化とは根本的に異なる。その意味では，多様化というよりも個性化というべきかもしれない。

　本書はこのような地域協働による高校教育の新たな発展に着目して全国の高校を調査した科研費「高等学校における地域協働プログラム成功のためのガイドライン」（基盤研究（B）2018〜2022年度／代表者・荻原彰）の研究成果をまとめたものである。この研究は高校の地域協働の現状を把握することと，地域協働に取り組む高校現場の実践的知恵を収集し，一般化することを意図している。

　ここでは少し私的な話になるが，本科研の代表である私（荻原）が研究を構

想することになったきっかけを紹介してみたい。この研究に取り組む以前に，私は別の科研で全国の学校に聞き取り調査を行っていた。その中で高校の地域協働の意義を感じさせてくれた2つの聞き取り調査があった。一つは大阪府の小さな町の学校教育課長への聞き取りである。課長は，

> この小さな町でも大都市の一流大学へ子どもたちが進学することが親にとっての子育ての成功であり誉れだった。しかし，その子たちは都会に行ってこの町には帰ってこず，親は寂しい老後を送っている。そんなことを聞かされる中で，よい学歴を求めて大都市へと送り出す子育てを疑問に思うようになった。むしろこの町にある高校を地域で盛り上げていこうと考え，地域の小中学校とその高校の協働を進めている。

と語ってくれた。
　また長野県の農村の高校に勤めている教師は，

> 今の勤務校は荒れた時期があり，そのころの学校は地域の人から迷惑施設とさえ思われていた。生徒もこの学校に誇りを持てないでいた。しかし中学卒業生が減って学校が統廃合の対象とうわさされる中で，当時の教師たちが，地域との交流の中で，この地域の学校であることに誇りを持たせることができないかと考え，地域との交流を始めた。そのことがきっかけとなり，学校の荒れは収まっていった。地域の人々も今はこの学校を何とか存続させられないかと考え，地域との交流による学校の魅力づくりに協力してくれている。

と語ってくれた。
　高校が地域と協働することが高校にとっては学校再生となり，地域にとっては地域づくりとなるのだということを，この2つの聞き取りから考え始めたのである。その後，島根県の隠岐島前高校など地域協働の優れた実践の存在も知

り，仲間の研究者も誘ってこの科研の立ち上げに至った。

　我々がまずとりかかったのは全国実態調査である。全国のすべての公立高校を対象としたアンケート調査を行い，協働の実態と課題を明らかにした。それが第2章である。実態調査と並行して全国の高校への聞き取り調査も行った。その結果，第1章で詳述するが，地域協働のスタイルは高校によってかなり異なっており，大きく6つの類型に分かれることが明らかとなった。

(類型1) 地域の伝統校として地域内外の人材を中核的に育成する高校

(類型2) 地域 (唯一) の高校として地域に根差した教育活動を展開する高校

(類型3) 専門学科を生かして地域の産業や発展に資する人材を育成する高校

(類型4) 私立学校や附属学校など設立団体の理念や方針に沿って地域と連携する高校

(類型5) 定時制や単位制など地域のオールタナティブな教育の受け皿となる高校

(類型6) スポーツや芸術・文化活動を通じて地域の知名度やブランド力を高める高校

　このうち (類型6) は必ずしも地域協働を意識的に追求する学校ではないため，本書では取り上げていない。

　本書で取り上げた高校を類型1〜5に分類すると表のようになる。

　第3章〜第6章では，上記の諸類型において，研究者が協働の内容，カリキュラムの工夫，協働を支える校内・校外の組織と組織運営の工夫等から学ぶべき点と課題を抽出した。第3章は類型1，類型2，類型3，第4章は類型5，第5章は類型3，第6章は類型3，類型4について述べている。また各章と親和性が高い実践について実践者がそれぞれの学校で行ってきた実践の内容・工夫・課題等の紹介を行った。

　第7章では地域協働の測定指標の開発とそれを使った調査結果およびそこから言える地域協働の方向性について論じた。

表　本書で取り上げる高校の類型

類型	高等学校
類型 1	宮城県気仙沼高等学校
類型 2	福島県立只見高等学校　岡山県立矢掛高等学校　岡山県立和気閑谷高等学校
類型 3	筑波大学附属坂戸高等学校　山形県立加茂水産高等学校 長野県飯田 OIDE 長姫高等学校　宮城県多賀城高等高校 長野県白馬高等学校
類型 4	中央大学附属中学校高等学校　芝浦工業大学柏中学高等学校 筑波大学附属坂戸高等学校　お茶の水女子大学附属高等学校 東京学芸大学附属国際中等教育学校　渋谷教育学園渋谷中学高等学校 さいたま市立大宮国際中等教育学校　神戸大学附属中等教育学校 新渡戸文化高等学校
類型 5	大阪府立西成高等学校　横浜市 A 高等学校（匿名）

　第 8 章では，具体からは少し距離を置き，メタ的な視点で地域協働を効果的に進めていくための留意点と課題について述べた。

　現在，多くの地域で高校と地域の地域協働が進みつつある。その協働を効果的に進めるヒントとして活用していただくことを願っている。また，高校の先生方をはじめ高校教育に関心を持っておられる方々にご一読いただければ幸いである。

編者　荻原　彰

目　　次

高校と地域のパートナーシップ

——協働が未来を拓く——

第1章

地域創生に資する高校の地域との協働的な学びの類型

及川 幸彦

第1節　はじめに―今日の高校教育の方向性と地域創生に資する協働的な学び

　平成30 (2018) 年に告示された現行の高等学校学習指導要領で初めて創設された前文において，「一人一人の生徒が，自分のよさや可能性を認識するとともに，あらゆる他者を価値のある存在として尊重し，多様な人々と協働しながら様々な社会的変化を乗り越え，豊かな人生を切り拓き，『持続可能な社会の創り手』となることができるようにすることが求められる」と記載され，「持続可能な開発目標 (SDGs)」や「持続可能な開発のための教育 (ESD)」と軌を一にする教育理念が掲げられた。そして，そのために「必要な教育の在り方を具体化するのが，教育の内容等を組織的かつ計画的に組み立てた教育課程である」と，学校教育において持続可能な社会創りを希求するカリキュラムマネジメントの必要性を明示している。さらには，「これからの時代に求められる教育を実現していくためには，よりよい学校教育を通してよりよい社会を創るという理念を学校と社会とが共有し，それぞれの学校において，必要な学習内容をどのように学び，どのような資質・能力を身に付けられるようにするのかを教育課程において明確にしながら，社会との連携及び協働によりその実現を図っていくという，『社会に開かれた教育課程の実現』が重要となる」と，高等学校 (以下，高校) と地域社会との連携・協働の必要性を強調している。

　現在，日本においては，地方の少子高齢化や人口減少が急速に進行し，「消滅可能性自治体」などと言われるように，将来的にそれらの自治体や地域の存

続が危ぶまれるなど持続可能性の危機に瀕するという事例が数多く存在する。そのような人口減少が進む地域においては，さまざまな工夫や努力が行われているが，次世代を担う教育に期待する声が大きくなっている。とりわけそれらの地域の教育の拠点である高校への期待は大きく，全国各地で高校生が，新たな力として地域づくりに参画し，貢献する姿が数多くみられるようになった。

　一方，大都市圏や地方の中心都市においては，少子化による自然減は著しいものの，農村部からの人口流入による社会増によって人口減少がそれほど顕在化していないこともあり，高校存廃の危機感は薄い。しかし，地域特性の点からみると，都市部では長距離通勤，長時間労働や人間関係の希薄さなどにより，自治会・町内会の加入率が低い。したがって，住民の協働活動が低調であり，商業地の郊外化などにより中心部の衰退がおこり，地域コミュニティーが維持できなくなっているところも多々見られることから，若い世代の参画が期待されている。にもかかわらず，一方で有名進学校は定員割れを起こすことが少なく受験学力で勝負できることから，地域との連携に積極的であるとは言えない。

　このような地域間の格差や変化の著しい社会的な状況から，学校教育がどのように地域の活性化や地域創生に資するかを考えるとき，地域創りに参画・貢献することを学校の重要な使命と位置づけて協働的な学びを推進する高校の取組に焦点を当てて分析していくことが重要である。その基盤として，まず，それぞれの高校が持つさまざまな使命や役割，地域からの期待等を踏まえて，高校の地域との協働的な取組を類型化していくことが重要である。

第2節　地域創生に資する高校の地域との協働の類型

　高校は，小・中学校と異なり，その設立主体や教育的な使命，地域や社会における立場によって個性や多様性があり，一概に一括りにして画一的に論ずることはできない面がある。現在，全国の各地において地域創生や地域の活性化に貢献している高校も，地域との連携を基盤にそれぞれの教育活動を展開しているという点は共通しているが，それぞれの高校の教育的な使命や地域におけ

る役割，あるいは，地域（住民）からの学校への期待などによってその取組にも個性があり，それを実現する地域との連携の目的や方法も異なるいくつかのタイプ（類型）があるといえる。以下，その類型とそれらの高校の特色，そして抱える課題等について簡単にまとめてみたい。

(1) 地域の伝統校として地域内外の人材を中核的に育成する高校

いわゆる明治からの旧制中学校の流れをくむ伝統校として，地域の「顔」となるべき中核的な高校であり，その地域の進学校であることが多い。したがって，大学進学を意識しながらも，地域の中心校として先進的で質の高い教育を志向している学校も多く存在する。なかには，文部科学省のスーパー・サイエンス・ハイスクール（SSH）やスーパー・グローバル・ハイスクール（SGH：2014年〜2021年），UNESCOのユネスコスクール（ASPnet）などに認定され，「総合的な探究の時間」や「学校設定科目」等の探究的な学習を通じて地域を巻き込んだ革新的な教育実践に取り組んでいる事例もある。

反面，地方のこのタイプの高校においては，大学進学時に多くの生徒が地域を離れていき，ほとんどの生徒が大学卒業後に大都市等で就職して地元に帰還しないという課題がある。また，その後のUターンもなかなか進んでいないというのが現状である。これが人口減少地域のユース層の欠如，すなわち，地域の次世代を担う人材の不足につながっており，地域の活性化や地域創生を阻害する大きな要因となっている。一方，都市部のこのタイプの学校においても地方同様に，卒業後は大学進学によって地元から離れるケースが多く，教育内容的にも名門校として受験対策や先進的なカリキュラムの導入，国際交流など重視する傾向があり，足元の地域との関係が希薄であるとの指摘もされている。

したがって，これらの地域の中核的な伝統校においては，その使命として，従来のように国公立大学や有名私立大学への合格率の向上に勤しむだけでなく，地域から一定数の生徒が流失することを念頭に置きつつも，地域を内外から支え，発展に寄与する人材をどのように育成するのかに焦点を当てた教育の推進も望まれている。

(2) 地域（唯一）の高校として地域に根差した教育活動を展開する高校

中・小規模の自治体に地域の高校教育を担う学校として設立された学校であり，いわゆる「おらが学校」として地域住民に親しまれる高校で，地域との密着度や絆も強い。したがって，地域と連携・交流しながら「地域に根差した教育活動」を展開し，地域の活性化に大いに貢献している高校も数多く見られる。なかには，文部科学省のコミュニティ・スクール（CS）に登録し，地域との協働による「学校運営協議会」を設立して，地域と一体的となって教育活動を展開している事例もある。現在，少子高齢化で人口減少が進む地方自治体においては，このタイプの高校による地域創生への貢献の事例が最も多い。

ただ，近年，少子化が急激に進展する中で，生徒数の減少により学校存続の危機に直面する学校も多く，人口減少地域では近隣の自治体の学校との統廃合が大きな課題となっている。そのような背景の中で，普通高校と実業系の高校との統合を踏まえて，幅広い選択科目の中から生徒が自分で科目を選択し学ぶことで，生徒の個性を生かした主体的な学習を重視する「総合学科」を開設する学校も増えてきた。そのような学際的な教育を展開する中で，その実現のため地域との連携を包括的に推進する学校も出てきている。

(3) 専門学科を生かして地域の産業や発展に資する人材を育成する高校

商業高校や工業高校，農業高校，水産高校など「専門学科（職業学科）」を主軸とする実業系の高校は，経済社会の進展に適切に対応するための多様な教育内容を用意するとともに，基礎教育の重要性にも配慮して，変化に柔軟に対応できる能力や態度の育成にも努めてきた。これらの高校は，全国的には，中堅技術者の養成を中心に我が国の産業経済の発展に寄与するだけでなく，各地においても，地域の主力産業に直接結びついた実業教育を推進し，地域経済を担う人材を輩出し，その発展に大きく貢献してきた。

しかしながら，近年は，地方，都市部問わず，少子化の影響による生徒数の減少や都道府県の行う高等学校の再編整備，普通科への偏重傾向等の影響により，普通科と比べて生徒数や学科数は減少傾向にある。また，(2)で述べたよ

うに，特に，人口減少地域では普通高校との統合・再編が進み，総合学科の生徒数や学科数は増加傾向にもある。

さらに，社会的な状況変化や時代の要請により，これまでにない新たな専門科目が創設される高校も出てきた。近年，緊急性の高い防災・減災の観点で言うと，阪神淡路大震災後の2002年には兵庫県立舞子高校に「環境防災科」が，東日本大震災後の2016年には宮城県多賀城高校に「災害科学科」(第5章参照)が創設された。

これらの専門学科を有する高校の中には，それぞれの専門性を生かしながら地域との連携・協働を促進し，地域の諸課題に取り組んでいる事例も数多く存在している。

(4) 私立学校や附属学校など設立団体の理念や方針に沿って地域と連携する高校

学校法人等の私的団体が設立する私立高校や大学等が設立する附属高校，公立の中高一貫校は，学校教育法や私立学校法(私立学校の場合)が適用されるが，一般的な公立高校とは異なり，設立団体の理念や使命，方針に沿って教育活動が展開されることが多い。また，学校にもよるが，高校受験がなく，学校種を越えて長期間一貫した教育が実現できることから，実験的で先導的な学校教育への取り組みが可能となる。なかには，(1)のように，文部科学省のSSHやSGHに認定されたり，ASPnetや国際バカロレア(IB)等の国際的な認定を受けたりしている高校もある。

したがって，地域との連携においても，公立学校とは異なるアプローチで取り組んでいる高校も見られる。第6章の神戸大学附属中等教育学校の実践もその一例である。反面，これらの私立高校および附属高校は，学区がなかったり広かったりすることから地域との結びつきが希薄で地域から乖離した教育実践が多いとの指摘もある。今後，自校が実践するパイロット的なテーマや手法で，地域との協働を促進していくことが課題である。

(5) 定時制や単位制など地域のオールタナティブな教育の受け皿となる高校

　21世紀に入り，外国人労働者の増加や経済的な格差の拡大など，ますます社会構造や経済状況が変化する中で，高校生を含む子どもたちを取り巻く環境も激変し，それに伴って教育的なニーズも多様化してきている。高校教育においても，これまでの全日制のような固定的な学校の枠組だけではなく，そこから零れ落ちたり，疎外されたり，それに適応できなかったりする学び手のニーズに対応し，より多くの選択肢を保障したオールタナティブな教育が必要となってきた。そこには，時間的にも制度的にもより自由で多様なシステムが重要となる。単位制高等学校などは，まさにそれに対応した高校の形といえる。単位制の高校は，年々増加し，2020年には全日制，定時制，通信制高校合わせて全国で1,254校に上る。特に，その半数近くを占める定時制と通信制における単位制高校は，働きながら学ぶ人々にとっては，学びの幅を広げるものであり，学習の機会を保障するものである。そして，その特色は，幅広い年代やさまざまな国籍，経験等を持った人々が集って学ぶという多様性にある。

　したがって，これらの高校が地域との連携・協働を推進する際には，この多様性を生かした関係性を構築して，地域貢献にアプローチすることが重要である。

(6) スポーツや芸術・文化活動を通じて地域の知名度やブランド力を高める高校

　以上5つの類型の他に，スポーツや芸術・文化活動を通じて学校ブランドを高めようとする高校が，結果的に地域の知名度を高めたり，地域興しに参画したりして地域創生に貢献するというケースもある。スポーツが盛んな学校においては，全国大会や甲子園で活躍して地域の知名度を高め，地域への誇りを醸成したり観光に一役買ったりするケースもある。かつての徳島県の池田高校や秋田県の能代工業高校などは，その代表例といっていい。

　反面，近年，スポーツの盛んな都市部の私立高校などでは，全国から優秀な生徒を集めて全国レベルで活躍を見せるものの，地域や県内の出身の選手がほ

表 1-1　地域創生に資する高校の地域との協働的な学びの類型

類型	地域協働における使命	教育活動の特徴	地域協働への課題	教育活動例
1	地域の伝統校として地域内外の人材を中核的に育成する高校	・伝統校として地域の中核的な高校であり，地域の進学校であることが多い。 ・進学を意識しながら地域の中心校として先進的で質の高い教育を志向している。	進学時に多くの生徒が地域を離れ，ほとんどの生徒が大学卒業後に大都市等で就職して地元に帰還しない。	・SSH ・SGH：2014〜2021) ・ユネスコスクール(ASP net) の認定 等
2	地域（唯一）の高校として地域に根差した教育活動を展開する高校	・中・小規模の自治体の地域の高校教育を担う学校として設立された学校である。 ・地域との密着度や絆も強く，地域と連携・交流しながら地域の活性化に大いに貢献している高校も見られる。	生徒数減少により存続の危機に直面する学校も多い。 ・人口減少地域では近隣の学校との統廃合が課題となっている。	・地域創生的な学校設定科目や探究学習 ・コミュニティ・スクール ・総合学科の開設 等
3	専門学科を生かして地域の産業や発展に資する人材を育成する高校	・全国的には，中堅技術者の養成を中心に我が国の産業経済の発展に寄与する。 ・地域産業に直接結びついた実業教育を推進し，地域経済を担う人材を輩出する。 ・現代的諸課題に応じた専門学科を創設する高校もある。	・少子化の影響による生徒数の減少や都道府県の行う再編整備，普通科への偏重傾向等の影響により生徒数や学科数は減少傾向にある。	・専門学科(職業学科)を主軸 ・SPH ・災害やICTなど現代的諸課題に対応した学科の創設 等
4	私立学校や附属学校，中高一貫校など設立団体の理念や方針に沿って地域と連携する高校	・一般的な公立校とは異なり設立団体の理念や方針に沿って教育活動が展開される。 ・高校受験がない学校では，学校種を越えて長期間一貫した教育が実現できることから，実験的で先導的な学校教育が可能となる。	・これらの高校は，学区が無かったり広かったりすることから地域との結びつきが希薄で地域から乖離した教育実践が多いとの指摘もある。	・SSH ・SGH ・ユネスコスクール（ASP net) ・国際バカロレア(IB) 等の認定 等
5	定時制や単位制の高校など地域のオールタナティブな教育の受け皿となる高校	・従来の学校の枠組では適応できなかった学び手のニーズに対応し，より多くの選択肢を保障したオールタナティブな教育を推進する。 ・働きながら学ぶ生徒に幅を広げ学習機会を保障する。	・幅広い年代やさまざまな国籍，経験等を持った生徒が多様性を生かした関係性を構築し，地域連携にアプローチする。	・全日制 ・定時制 ・通信制 ・単位制 ・フリースクールなど多様な形態
6	スポーツや芸術・文化活動を通じて地域の知名度やブランド力を高める高校	・スポーツや芸術・文化等の活動を通じて学校や地域の知名度を高めたり地域興しに参画したりして地域創生に貢献する。	・全国から優秀な生徒を集めているが，一部の学校で地域から乖離している指摘もある。	・スポーツ推薦，一芸推薦 ・スポーツや芸術の特設コースを設置 等

とんどいないケースもあり，学校のブランドは高めていても学校が地域から乖離しているとの指摘もある。

　一方で，音楽活動や芸術活動で地域の活性化に貢献している高校も見られる。空洞化し衰退しつつある商店街のいわゆる「シャッター街」を高校生が絵やアートで装飾したり，地域のポスターやロゴマークを考案したりして，地域の再生に貢献している取組も見られる。また，音楽活動が盛んな高校においては，コンクール等で入賞して学校や地域のブランド力を高めたり，地域のさまざまなイベントにして演奏や演技を披露して地域の活性化に貢献したりしている高校の事例も見られる。

　基本的には，地域との連携という意味において，上記の6つのタイプが高校の地域への関わりや貢献の基本的な類型と考える。当然のこととして，すべての高校が，この6つのタイプにきれいに類別されるわけでなく，類型のいくつかの使命や特徴を併せ持つ学校も存在することは言うまでもない。ただ，現在の日本の高校教育は，各地域で少子化が急速に進む中で，地域や社会，そしてそこで学ぶ生徒個々からの要請に応えるという形で，少しずつ個性化や差別化が図られてきているという流れの中にあることは疑う余地がない。

　したがって，高校教育において地域と連携した教育活動を考察するにあたっては，これらの類型に基づいた使命や特徴，そして課題等を踏まえて分析していかなければならない。

第2章
公立高等学校における地域協働の内容と課題

荻原 彰・中口 毅博・及川 幸彦
小玉 敏也・水山 光春

第1節　研究の背景と目的

　近年，高等学校教育における地域との協働に注目し，その拡充を求める声が強くなっている。その背景には，地域との協働を学校改革の中心とし，成果を上げる学校の存在があげられる。著名なのは島根県立隠岐島前高等学校（以下，高等学校は高校と略す）であろう。隠岐島前高校は地域学の取り組み等の「隠岐島前教育魅力化プロジェクト」を推進した（樋田・樋田 2018）。その結果，島内からの進学者の増加に加え，県内外からの入学者が見られるようになり，人口減少地域でありながら，学級増が実現した。

　「高校魅力化」を掲げる取り組みは全国に広がっていったが，これは単に特色あるカリキュラムで生徒を呼び込もうとするような学校の枠内で完結するものではなく，高校を核とした地域再生の手法としても注目されている。

　たとえば上述の隠岐島前高校の取組は教育に地域振興という視点を導入した新しい試みとして島根県庁に注目され，県の「離島・中山間地域の高校魅力化・活性事業」のモデルとなっている。これは溝口善兵衛島根県知事（当時）の「これまでは学校を教育の機能だけで考えていたが，地域においてはもっと広い役割と意味があることが，ここにきてわかった。県内の他の高校にも広げたい」という評価の下で実現した事業である（山内他 2015）。国レベルでは文部科学省が「地域との協働による高等学校教育改革推進事業」の中で，「地域課題の解決等を通じた学習カリキュラムを構築し，地域ならではの新しい価値を創造する人材を育成」することを狙いとした「地域魅力化型」という助成の

カテゴリーを設定している[1]。内閣府も「将来的な関係人口の創出・拡大を目指し」，高校魅力化への支援を行っている[2]。小林・喜多下が，島根県の高校について調査を行い，高校魅力化による地域の財政等へのプラス効果を見出していることからわかるように地域再生の効果も現実化しつつある[3]。

　地域協働の試みは都市部進学校でも取り組まれている。たとえば岐阜県可児市では地域と学校をつなぐコーディネート団体緑塾が設立され，可児高校と連携し，地域課題解決型キャリア教育を開始した。高校側の責任者である浦崎太郎は地域協働に踏み切ったきっかけは生徒の学習意欲の低下であったと語っている（茂木・松本 2020）。地域課題という現実と向き合うことが生徒の学習意欲の向上を促すと考えたのである。

　地域協働への取り組みは国の教育改革の動きとも整合する。2015 年の中央教育審議会答申「新しい時代の教育や地方創生の実現に向けた学校と地域の連携・協働の在り方と今後の推進方策について[4]」では「社会に開かれた教育課程」の実現に向けた学校のパートナーとして，地域の側も広く子供の教育に関わる当事者として，子どもたちの成長をともに担っていくことが必要であるとして地域学校協働本部の整備等を提言している。高校の学習指導要領においても「幅広い地域住民等（キャリア教育や学校との連携をコーディネートする専門人材，高齢者，若者，PTA・青少年団体，企業・NPO 等）と目標やビジョンを共有し，連携・協働して生徒を育てていくことが求められる」としている（文部科学省 2019）。このように高校教育にとって地域協働の持つ意味や重要性は増してきており，地域協働に取り組む高校も増えつつあるが，全国的な実態や課題は必ずしも明らかになっていない。全国的な実態や課題を明らかにする調査を行うことは地域協働に関する今後の教育政策を考えるうえでの実証的な資料となり，喫緊の課題であると考えられる。

　一方，環境教育の立場から学校の地域協働を考えた場合，「我が国における「持続可能な開発のための教育（ESD）」に関する実施計画[5]」（持続可能な開発のための教育に関する関係省庁連絡会議，2021）において「教育機関と地域の積極的な協力」を求め，「地域学校協働活動等の地域と学校の連携・協働の取組を活

用することも期待される」としているように学校と地域の協働がESD推進の有力な方策となりうる。

　また上述の「地域との協働による高等学校教育改革推進事業」採択校の事例を見ると，たとえば「持続可能な未来を創造できるグローバルな視点を持った地域社会のリーダーを育成[6]」(三重県立宇治山田商業高校)，「少子高齢化や人口減少が進む中，持続可能な社会の構築に向けて，課題意識を持ち，生涯にわたって様々な人と協働しながら，地域課題の発見・解決を目指して主体的に行動し，生活文化の継承，生活産業の振興や多世代交流，共生のまちづくりに貢献する地域人材の育成を目的とする[7]」(愛媛県立小松高校) 等と，持続可能な社会をもたらす重要な手段として高校と地域の協働が位置付けられていることがわかる。

　これらのことなどが示すように高校と地域の協働を調査することは環境教育の観点からも必要であると考えられる。

　もちろん，これまでにも高校と地域の協働についての調査は行われていないわけではない。たとえば黒光・町田 (2006) は全国の公立高校について調査し，「地域に開かれた学校」の取組としては「学校評議会への住民参加」等が多く取り組まれていることを明らかにした。全国都道府県教育長協議会は2018年に，地域と学校の協働を担うコーディネーターの現状や今後の在り方に対する全国調査を行い，コーディネーター配置のある自治体は「学校と地域の関係性が深まった」等の効果を感じていることを明らかにした[8]。阿部・喜多下は国公立高校に通う高校生および20歳以下の公立高校卒業者の意識調査を2018年に行い，高校魅力化に取り組んでいる高校の生徒の意識が地域社会とのつながりや地域貢献の意識において全国のそれよりも高いことを明らかにした[9]。

　しかし黒光・町田の調査は高校の地域協働が注目される以前のものであり，地域協働が進んできた現在の実態をとらえているとはいえない。また全国都道府県教育長協議会や阿部・喜多下の調査は協働の一側面に関するものであり，各高校における取組の実態を総合的に明らかにすることを意図した調査ではない。そこで筆者らは地域協働の内容，課題を調査し，全国的な実態をより網羅的に明らかにすることを試みた。また高校の立地が地域協働の内容や課題に影

響を与えると考えられることから立地による地域協働の内容や課題の違いを抽出することを試みた。そしてこれらに基づいた政策提言を行った。資金面，組織面についても調査し，農山漁村や島しょでは都市，都市郊外に比して資金源の確保や協議会設置，コーディネーター確保など資金面においても組織面においても進展していることが判明するなどの成果はあったが，資金面，組織面については別途報告（荻原他 2022）しているので，本報告では調査で明らかになった地域協働の内容と課題を報告する。

　なお本研究でいう地域とは「学校の所在する市区町村に限定されず，おおむね生徒が通学する範囲（学区）」とし，地域協働とは「「地域」の活性化と生徒の成長を目指して，地域内外の様々な主体と高校が協力して行う活動」で「この場合の活性化とは，経済的な意味だけでなく福祉・環境・防災等，より住みやすく持続可能な地域を創造していくこと」とし，これらの定義をアンケート中に明記して調査を行った。

第2節　調査の手法

(1) 調査の対象

　本研究では，全国のすべての公立高校に対して，地域協働の実態と課題に関する質問紙調査を行った。公立高校を対象としたのは，公立高校は都市，都市郊外，農山漁村，島しょといったさまざまな地域にくまなく分布し，高校の地域協働の実態を地域の偏りなく知るには公立高校の調査から着手するのが適当と判断したことによる。

(2) 調査の形式

　回答者の負担を少なくするため多肢選択式とした。

(3) 調査内容

　調査した内容は次の通りである。

①高校の立地している自治体，生徒数，開設学科といった高校の基礎情報。

②高校の立地している地域が都市部，都市郊外，農山漁村，島しょのいずれに属するか（高校の判断による）。

③地域協働の相手方となる組織・機関等（以下協働主体と称する）の種類と協働の内容。

④地域協働にあたっての課題。

なお高校の立地地域について都市部，都市郊外，農山漁村，島しょという回答カテゴリーを設定したのは，地域特性によって地域協働への取組に差が見られることが予想されるからである。島しょと農山漁村を区別したのは，島しょでは他地域への通学の困難性のため，高校存続が強く求められ，高校教育への自治体等の関与が島しょ以外の農漁村より強いと予想されたことによる。地域のカテゴリー（都市部，都市郊外，農山漁村，島しょ）を各高校の判断としたのは，政令指定都市でも中山間地域が存在し，自治体名では判断できないこと，カテゴリーを分ける客観的基準を設定するのが難しく，むしろ地域の事情に精通している各高校に判断してもらうことの方が適切な判断になると考えたことによる。

本調査のように高校の地域協働の内容と課題について網羅的に調査する試みは管見の限り見られなかったため，項目の選定にあたっては，これまで行われている上記の調査だけではなく地域と高校の活性化を目指して地域協働が行われていると思われる事例から項目の選定を試みた。具体的には上記の中央教育審議会の答申をはじめ，地域づくりへの高校教育の貢献を論じた「地域を再興する高校改革の臨床」（山岸 2016），島根県の高校魅力化の試みを論じた「人口減少社会と高校魅力化プロジェクト」（樋田・樋田 2018），地域を対象とした探求学習等を論じた「アクティブ・ラーニング実践Ⅱ」（下町他 2016）に取り上げられている実践事例，高校教育の専門誌『高校教育』の連載記事「地域活力の源！輝け高校生[10]」に見られる実践事例を参考とした。

高校が地域の人々と協働してさまざまな教育実践を行っている事例は上記の文献以外にも地域の戦争遺跡の調査や地域の人々の戦争体験の聞き取りを通し

て平和教育を行っている事例（内堀 1991）などこれまでにもさまざまな事例が見られるが，上記の4つの文献は高校魅力化と地域課題の解決を統一的に追求するという近年の理念を明示的に追求した事例を扱っていることからこれらの文献を参考とした。

本研究は，高校の地域協働について，その所在地特性に応じたカリキュラム，学校のカウンターパートとなる地域の組織のあり方，連携の手立て等についての指針となることを目指した，高校の地域協働プログラムのためのガイドラインを作成する研究の一環であり，本調査と並行して個別調査を行っている。具体的には高校の地域協働の先駆者である岩本悠島根県教育魅力化特命官（元隠岐島前高校魅力化コーディネーター，2018年9月5日），浦崎太郎大正大学教授（元岐阜県立可児高校教諭，2018年7月25日），上記の「地域活力の源！輝け高校生」を執筆している廣瀬志保山梨県立吉田高等学校教頭（当時，2019年1月29日）の3氏にインタビューを行った。また地域協働の優れた実践を行っていると目される高校の個別調査を行った。

これらの調査からも知見を得ている。たとえば個別調査で課題として指摘されることが多かったのは教員の過剰負担であり，また岩本氏はコーディネーター人材の不足を指摘している。これらの知見も本調査に利用できると判断したものについては援用している。

第3節　結果と分析

質問紙は2019年7月に全国のすべての公立高校（「全国高等学校一覧2018年版」掲載の高校3,578校）に郵送で送付した。送付と回収は環境自治体会議環境政策研究所に依頼した。廃校・統合による返送が40校あったため，対象となった高校は3,538校であり，回収率は55.3％（1,956校）である。結果は以下のとおりである。

（1）協働の相手方と協働の内容

　表 2-1 に協働の相手方となる機関・団体等と協働の内容を示す。表記の方法であるが，たとえば表 2-1 の 2 段目「音楽演奏など生徒による文化活動の機会の提供」に示されている実施率 69.1％は全体の学校数（1956 校）に対する「音楽演奏など生徒による文化活動の機会の提供」を行っている学校の比率であり，同じく表の 2 段目の「市区町村の役所」27.7％は全体の学校数（1956 校）に対する「音楽演奏など生徒による文化活動の機会の提供」において市区町村の役所との協働を行っている学校の比率を示す。

　なお質問項目には「地域協働についての協議会への参加」，「インターンシップ（就労体験）の提供」という項目が含まれていたが，前者は協働とまでは言いにくいこと，後者は他の項目と回答が重複している可能性があることから分析からは除外した。

　市区町村の役所は 19 項目中 14 項目で高校との協働比率が 1 位となっている。「地域課題について理解する機会の提供」など協働の初期段階と思われる活動から「地域課題解決に向けたプレゼンテーションの機会の提供」のような生徒による発信の段階に至るまで幅広く協働を行っている。協働の最も重要なパートナーと考えられる。

　他の機関は，それぞれの特性に応じた地域協働を行っている。典型的なのは，「生徒による園児・児童・生徒等への教育活動の機会の提供」における幼稚園・保育所・小中学校・特別支援学校との協働と「介助など生徒による福祉活動の機会の提供」における福祉施設との協働であり，他の機関・団体等より圧倒的に比率が高い。これらの協働は教育機関や福祉施設でなければ難しいものであり，特性に見合った協働が提供されているといえよう。

　一方，民間企業は「生徒のアイデアによる新しい地域産品の提案・開発・販売等への支援」などいくつかの項目で重要なパートナーとなっており，地縁組織も「○○フェスティバルなど地域のイベントの全部または一部を生徒に委任」など地域でのさまざまな協働の機会を提供している。民間企業と地縁組織は比較的幅広く協働の機会を提供していると考えられ，「NPO/NGO やボランティ

表 2-1　協働主体と協働内容

	実施率	市区町村の役所	都道府県庁	博物館・公民館など社会教育施設	幼稚園・保育所・小中学校・特別支援学校	他の高等学校	大学など高等教育機関	福祉施設	NPO/NGOやボランティア団体	地域の様々な組織（自治会・町内会など）	左記以外の団体（協同組合など）	民間企業	個人	その他
音楽演奏など生徒による文化活動の機会の提供	69.1%	27.7%	4.9%	15.0%	19.9%	5.1%	1.1%	26.2%	8.8%	26.5%	5.7%	8.7%	1.6%	2.2%
生徒による園児・児童・生徒等への教育活動の機会の提供	68.9%	13.5%	4.0%	6.5%	59.8%	2.5%	2.6%	6.3%	5.3%	4.8%	1.9%	2.7%	1.2%	0.7%
○○フェスティバルなど地域のイベントの全部または一部を生徒に委任	55.0%	33.3%	5.7%	7.2%	5.8%	2.4%	2.1%	8.1%	13.1%	21.0%	8.9%	7.6%	1.3%	0.9%
地域課題について理解する機会の提供	48.9%	36.1%	9.6%	7.5%	5.0%	2.9%	11.4%	3.9%	11.5%	8.7%	6.9%	12.1%	4.4%	1.2%
地域の職業や企業の魅力紹介	47.3%	25.4%	12.9%	3.7%	2.8%	1.1%	4.0%	5.4%	8.0%	3.4%	10.0%	27.7%	4.5%	1.4%
教員の研修機会の提供	45.8%	10.6%	22.9%	8.9%	11.2%	13.1%	17.9%	4.0%	5.8%	1.7%	2.6%	11.0%	1.8%	1.3%
介助など生徒による福祉活動の機会の提供	42.4%	8.3%	1.4%	1.2%	5.3%	0.6%	0.6%	34.6%	7.8%	2.4%	1.1%	2.1%	0.6%	0.3%
食材・観光資源など地域資源を理解する機会の提供	41.4%	27.5%	7.8%	5.2%	2.2%	1.9%	4.4%	1.5%	9.8%	6.5%	10.0%	14.7%	5.1%	0.9%
地域課題解決に向けたプレゼンテーションの機会の提供	40.2%	26.2%	9.1%	4.9%	4.7%	4.1%	9.9%	1.6%	8.2%	5.1%	5.3%	9.4%	2.4%	1.5%
駅舎美化など生徒による公的施設整備活動への協力	39.6%	20.6%	2.1%	3.5%	3.1%	1.0%	0.3%	2.6%	6.5%	12.6%	2.0%	6.4%	1.1%	2.4%
生徒のアイデアによる新しい施設・開発・販売等への支援	38.3%	19.7%	6.6%	1.9%	1.4%	1.7%	4.7%	1.2%	6.4%	5.2%	8.6%	22.2%	3.7%	0.9%
生徒・学校の協働の希望に応じた機関・団体等を紹介	35.6%	22.1%	8.7%	6.9%	7.8%	3.2%	8.3%	8.4%	11.4%	8.4%	5.7%	9.3%	3.4%	0.7%
生徒による地域防災への協力の機会の提供	35.4%	20.6%	5.7%	1.9%	5.3%	0.7%	1.2%	1.5%	3.7%	15.2%	1.6%	1.2%	0.9%	0.8%
生徒の作成したポスター、ホームページなどを通じた地域や学校の情報発信の支援	34.2%	20.7%	7.5%	7.2%	8.9%	4.6%	1.8%	3.1%	4.4%	8.6%	4.5%	8.2%	2.4%	1.3%
生徒による市民への教育活動の機会の提供	25.3%	13.0%	1.6%	4.2%	6.5%	0.9%	1.1%	3.4%	4.2%	5.2%	1.4%	2.2%	2.5%	0.5%
バスなど交通手段の協力	24.6%	15.1%	2.7%	0.5%	0.9%	0.7%	0.9%	0.6%	0.7%	0.8%	0.9%	7.7%	0.4%	0.7%
生徒による観光ガイドなど地域案内活動の機会の提供	20.9%	13.6%	2.2%	2.4%	0.8%	0.5%	1.3%	0.2%	5.3%	3.9%	2.7%	4.0%	1.0%	0.5%
生徒による商店やレストランの運営への支援	13.2%	6.1%	0.9%	0.6%	0.4%	0.5%	0.6%	0.8%	3.0%	2.8%	2.9%	6.0%	1.4%	0.3%
生徒によるクラウド・ファンディングへの支援	3.4%	1.2%	0.5%	0.0%	0.1%	0.1%	0.3%	0.2%	1.0%	0.5%	0.4%	0.9%	0.5%	0.1%

注：％は高校総数（1956校）に対する比率

ア団体」も同じような傾向がみられる。

　一方で県庁，大学，社会教育施設，他の高校は，県庁，大学が「教員研修機会の提供」で一定の役割を果たしていること以外の協働はあまり活発とはいえない。

　立地による違いについては，**表 2-1** の各項目についての地域間の有意差を抽出することも可能であるが，項目の組み合わせ数が 247 と非常に多く，その一つ一つについて有意差を提示して議論することは極めて煩雑である。そこで各協働主体が行っている協働に関する質問項目数（以下協働数と記す）の平均を地域ごとに算出した（**表 2-2**）。

　たとえば市区町村の役所が都市の高校と行っている協働数平均値は 19 項目

表 2-2　協働主体別の協働数平均の地域間比較

	選択項目数平均値				地域間比較（＊＊：有意水準 1% で有意 ＊：有意水準 5% で有意，n.s.：非有意）					
	都市部 n=625	都市郊外 n=855	農山漁村部 n=428	島しょ部 n=38	都市部都市郊外	都市部農山漁村部	都市部島しょ部	都市郊外農山漁村部	都市郊外島しょ部	農山漁村部島しょ部
市区町村の役所	2.92	3.75	7.10	7.00	**	**	**	**	**	n.s.
都道府県庁	1.24	1.26	2.00	1.53	n.s.	**	n.s.	**	n.s.	n.s.
博物館・公民館など社会教育施設	0.92	0.97	1.74	1.61	n.s.	**	n.s.	**	n.s.	n.s.
幼稚園・保育所・小中学校・特別支援学校	1.65	1.99	2.66	2.53	**	**	*	**	n.s.	n.s.
他の高等学校	0.56	0.49	0.67	0.53	n.s.	n.s.	n.s.	*	n.s.	n.s.
大学など高等教育機関	1.01	0.81	1.08	0.74	n.s.	n.s.	n.s.	*	n.s.	n.s.
福祉施設	1.06	1.54	2.23	1.97	**	**	*	**	n.s.	n.s.
NPO/NGO やボランティア団体	1.16	1.23	2.23	1.61	n.s.	**	n.s.	**	n.s.	n.s.
地域の地縁組織（自治会・町内会など）	1.55	1.57	2.01	1.87	n.s.	**	n.s.	**	n.s.	n.s.
それ以外の団体（協同組合など）	0.68	0.85	1.93	1.53	n.s.	**	n.s.	**	n.s.	n.s.
民間企業	1.90	2.06	3.29	2.97	n.s.	**	n.s.	**	n.s.	n.s.
個人	0.30	0.39	0.97	1.05	n.s.	**	**	**	*	n.s.
その他	0.23	0.23	0.26	0.08	n.s.	n.s.	n.s.	n.s.	n.s.	n.s.

注：数字は各協働主体が行っている協働数の平均値

中 2.92 個であり，一方市区町村の役所と島しょの高校とで行っている協働数の平均は 7.00 個になる。この協働数平均について地域間で有意差（5％水準）がある協働主体をテューキー・クレーマー検定による多重比較で抽出した。表の「地域間比較」の列はたとえば「都市部　都市郊外」の列は都市と都市郊外の比較を示している。この分析は立地による各協働主体との関係の深さの相違を抽出することになると考える。

　農山漁村においては都市や都市郊外よりも各協働主体との協働数平均が有意に多い項目が多数あり，協働がより進展しているとみられる。また都市よりも都市郊外の方が地域協働が進んでいる傾向がみられる。島しょについては都市よりも協働が進んでいる傾向があるが，市区町村の役所を除けば都市郊外とのはっきりした差はみられない。

(2) 地域協働の課題について

　表 2-3 に地域協働の課題を示す。フィッシャーの正確確率検定により地域カテゴリー（都市，都市郊外，農山漁村，島しょ）間の比較も行った。表中の「有意差」の列に記す「都」は都市，「郊」は都市郊外，「農」は農山漁村，「島」は島しょを示しており，農＞都は農山漁村が都市より有意に多いことを示している。

　過半数の高校で課題として考えられているのは教員の過剰負担とカリキュラムの過密であるが，特に教員の過剰負担は圧倒的に問題とされている率が高い。その他では専門的人材の不足，教員の経験不足など人に関わる項目が上位を占めており，人材の量的・質的充足が求められていることがわかる。

　地域別の特徴としては，都市から離れるにつれて交通機関の制約が問題点として意識される率が有意に高くなっていく。ただし島しょは農山漁村よりも低い。「教員の人事異動のため，継続して地域協働を行っていくことが難しい」とする率も島しょ，農山漁村で有意に高くなっており，特に島しょでは 5 割以上の学校が課題だとしている。逆に都市や都市郊外の方が島しょや農山村よりもカリキュラムの過密が問題視されている。

表 2-3　地域協働の課題

都…都市　郊…都市郊外　農…農山漁村　島…島しょ

	全体	都市部	都市郊外	農山漁村部	島しょ部	有意差
教員に過剰な負担がかかる	68.3%	64.2%	70.4%	69.2%	73.7%	
カリキュラムが過密で地域協働にさける時間が不足している	50.6%	55.7%	51.7%	42.1%	31.6%	都>農　都>島　郊>農
学校と地域の協働を調整できる専門的人材（コーディネーター）が不足している	45.1%	41.8%	45.3%	50.7%	34.2%	農>都
地域協働の内容や手法に対する教員の経験が不足している	40.4%	39.8%	40.5%	40.4%	42.1%	
小中学校で実施している地域協働の内容を教員が把握できておらず，小中高のつながりを意識した指導が実施できていない	35.6%	35.2%	33.5%	40.4%	36.8%	
校務分掌に地域協働が位置づいていない	34.8%	36.3%	36.0%	30.1%	31.6%	
地域協働に当てる予算が不足している	34.6%	34.4%	34.4%	35.3%	36.8%	
教員の人事異動のため，継続して地域協働を行っていくことが難しい	30.2%	27.0%	29.5%	34.6%	52.6%	農>都　島>都　島>郊
地域協働に対して教員の意欲を高めるのが難しい	30.0%	32.3%	29.4%	28.0%	28.9%	
地域協働について学校と地域の協議をする場（地域協議会）が整備されていない	22.2%	24.5%	21.2%	20.8%	26.3%	
交通機関の制約のため，放課後等に地域協働を行うことは難しい	21.7%	12.3%	19.9%	39.0%	28.9%	郊>都　農>都　島>都　農>郊
地域協働と教科の目標・内容が結びつきにくい	20.5%	21.6%	20.5%	18.2%	15.8%	
地域の振興に対する地域協働の効果を評価することが難しい	19.2%	19.2%	17.3%	23.4%	7.9%	
選択科目や部活動で地域協働を行う場合，活動が他の生徒に広がりにくい	19.1%	16.6%	21.1%	19.4%	15.8%	
生徒の成長に対する地域協働の教育効果を評価することが難しい	18.0%	18.4%	15.6%	22.7%	15.8%	農>郊
地域協働に向けて生徒を動機づけるのが難しい	15.3%	15.5%	17.0%	12.6%	5.3%	
コーディネーターに過剰な負担がかかる	14.7%	13.0%	14.7%	17.3%	15.8%	
地域協働が何を目指すのかという目標が不明確になりがちである	14.5%	15.2%	13.9%	14.3%	18.4%	
選択科目や部活動で地域協働を行う場合，生徒の確保が困難である	13.4%	13.8%	12.0%	16.6%	7.9%	
地域協働の具体的内容として何を行えばよいのかがわかりにくい	13.1%	13.3%	13.5%	12.4%	10.5%	
参考にできる事例が不足している	12.9%	11.0%	14.2%	12.9%	15.8%	
地域についての情報が不足している	10.7%	11.4%	10.9%	9.1%	13.2%	
地域協働に協力してくれる地域の機関・団体等の確保が難しい	8.7%	9.3%	8.2%	9.3%	5.3%	
管理者(教育委員会)の政策内での優先順位が低い	3.0%	3.7%	2.8%	2.8%	0.0%	
地域協働に対して地元自治体の理解を得るのが難しい	2.1%	1.3%	2.6%	2.3%	5.3%	
学校の教育目標に地域協働はなじまない	1.9%	3.2%	1.4%	1.4%	0.0%	
地域協働に対して保護者の理解を得るのが難しい	1.8%	2.4%	1.5%	1.9%	0.0%	

注：％は高校総数（1,956 校）に対する比率

　以上，本研究で行った調査の結果について述べた。一般的な認識と異なるような新たな知見が得られたとは言いにくいが，たとえば地域協働における大きな課題が教員の過剰負担とカリキュラムの過密であること，継続した地域協働を進めるうえで教員の人事異動が課題として意識される割合が島しょや農山漁村で高くなっていることなどが全国調査に基づいて実証的に確認されたという意味では意義ある研究となったと考える。

第4節　提言

　公立高校の全国悉皆調査の結果を述べてきたが，その結果から次の提言を行う。なお，都市部の場合，地元自治体はほとんど区市であり，また地方の場合は区という行政主体がなく市町村となるが，言い分けが煩雑になるため，以下，市区町村を指して地元自治体という。

(1) 地域協働の主体について

　先行研究で取り上げられている地域協働の事例およびインタビューにおいては，ほとんどの事例で地元の自治体がかかわっており，地元自治体が窓口となってさまざまな主体と高校をつなげる事例も多く見られた。

　浦崎氏は，高校が最もアクセスしやすいのは地元自治体の役所であり，地元自治体と高校の緊密な関係が協働の初動において非常に重要であることを指摘している。岩本氏は，島根県においては，地元自治体の側も高校存続への危機感を持って取り組んできたことが中山間地や離島の高校の存続につながってきており，現在では，その段階を超え，県と地元自治体，高校が一体となって地域協働による教育の質の改善に焦点をあて，実践に移す段階に移行してきていることを述べている。このように高校の地域協働の先進事例においては，地元自治体は重要なパートナーであるが，全国調査の結果もそれを裏づけるものであった。調査の結果，地元自治体は協働の最も重要なパートナーとなっていることがわかったのである。

しかし，一方で，地元自治体との協働で最も多い「地域課題について理解する機会の提供」であっても全体では36.1％の実施率にとどまっており，改善の余地が残されている。特に都市部，都市郊外では協働数も明らかに農山漁村，島しょより少なく，地元自治体という重要な資源を利用しきれていないことがわかる。上に述べたように地元自治体が媒介となって多様な主体と高校をつなげる例が多いことから，地元自治体との協働の乏しさがその他の主体との協働の乏しさにつながっている可能性もあり，今後は都市部や都市郊外の高校と地元自治体の協働を促進する政策，たとえば地元自治体に高校連携を推進する部署を置くことやその部署に対する国や都道府県による支援が求められる。

　協働主体についてもう一つ言えることは，「大学など高等教育機関」と都道府県庁との協働が「教員の研修機会の提供」を除いてあまり活発とはいえないことである。

　大学や都道府県庁の人的資源の豊富さを考えると，この2つのアクターとの協働をより進めていく必要がある。

(2) 地域協働の課題について

　インタビューを行った学校の多くは，地域協働の課題として教員の負担が大きいことを挙げていた。これは浦崎氏も強調していたことである。また岩本氏が強く指摘していたのは待遇面の課題もありコーディネーターの不足が課題となっているということであった。

　全国調査でもこれらの指摘に整合する結果が得られた。地域協働の課題として最も強く意識されているのは「教員に過剰な負担がかかる」ということであり，「学校と地域の専門的人材（コーディネーター）が不足している」という課題も3番目に多くあげられている。これらの課題に対処するためには，コーディネーターおよび地域協働にかかわる教員の恒久的な増員，コーディネーターの待遇改善といった人材確保にかかわる施策が喫緊に必要であり，国の支援が望まれる。

　課題として挙げられている率が2番目に多いのは「カリキュラムが過密で地域協働にさける時間が不足している」である。地域協働を効果的に行うために

は，協働の意義や具体的な行動について生徒が主体的に判断し，行動していくための時間が必要であり，教科等との時間的競合が課題となるのは理解できる。しかし岩本氏は「主体的に課題を見つけ，さまざまな他者と協働し，定まった答えのない課題にも粘り強く取り組む」という意味での学力を島根県として育てたいとし，そのような意味での学力を育てるためには，地域と協働することによって子どもたちの学びが豊かになることが必要だと述べている。これは地域協働は教科教育と競合するものではなく，むしろ今後の社会が要求する学力のためには教科にも地域協働の視点が必要であるという観点にたったカリキュラム編成が求められることを示している。近年の教育政策の中で強調されているSDGsやコンピテンシー重視の教育を実現するためにも，このことは必要であり，その意味で地域協働は教科教育にも豊かな資源となりうるのである。

　教員の人事異動が地域協働の継続性に対する障害となっていることについても留意する必要がある。地域協働を担当する教員が協働活動の中で，その地域についての知見を獲得し，人的つながりが形成されても，少なくともその一部は属人的なものであり，後任の教員がすべてを引き継いで前任者と同等の地域協働を行うことは難しい。しかし異動自体は教員の職能成長や人生設計にもかかわる問題であり，地域協働のために同一校での長期にわたる勤務を求めることは適当ではないだろう。そのギャップを埋め，地域協働の継続性を担保するためには，学校だけでなく地域の側に継続性を保証する仕組みづくりが必要となる。具体的には，上記提言と重複するが，地元の事情に詳しく，協働主体との人的つながりを持つコーディネーターの学校への恒久的配置を求めたい。

【謝辞】
　長時間のインタビューに懇切に応えていただいた岩本悠氏，浦崎太郎氏，廣瀬志保氏，高校の先生方，またアンケートに答えていただいた高校の先生方に深く感謝します。

【付記】
　本章は科研「高等学校における地域協働プログラム成功のためのガイドライン」

の研究成果の一部として日本環境教育学会誌『環境教育』に掲載された論文を同学会の許諾を得て転載したものである。

【注】

1) 「地域との協働による高等学校教育改革推進事業の趣旨等について」文部科学省，https://www.mext.go.jp/content/20200803-mxt_koukou02-000009164_10.pdf
2) 「地方創生支援事業費補助金（高校生の地域留学推進のための高校魅力化支援事業）交付要綱」内閣府，https://www.chisou.go.jp/sousei/about/chiikiryugaku/pdf/01_chiikiryuugaku_youkou_201225.pdf
3) 「島根県の高校魅力化の社会・経済効果の分析 合成コントロール法を用いた地域政策の定量分析（三菱 UFJ リサーチ & コンサルティング政策研究レポート）」小林庸平・喜多下悠貴，https://www.murc.jp/wp-content/uploads/2019/11/seiken_191122_2.pdf
4) 「新しい時代の教育や地方創生の実現に向けた学校と地域の連携・協働の在り方と今後の推進方策について」中央教育審議会，2015，https://www.mext.go.jp/b_menu/shingi/chukyo/chukyo0/toushin/__icsFiles/afieldfile/2016/01/05/1365791_1.pdf
5) 「我が国における「持続可能な開発のための教育（ESD）」に関する実施計画（第2期 ESD 国内実施計画」持続可能な開発のための教育に関する関係省庁連絡会議，2021，https://www.mext.go.jp/content/20210528-mxt_koktou01-000015385_2.pdf
6) 「令和3年度地域との協働による高等学校教育改革推進事業全国サミット資料（グローカル型）」文部科学省，https://www.mext.go.jp/a_menu/shotou/kaikaku/1420961_00011.htm
7) 「令和元年度指定地域との協働による高等学校教育改革推進事業（プロフェッショナル型）報告書」愛媛県立小松高等学校，https://www.mext.go.jp/content/20210705-mxt_koukou02-000015767_17.pdf
8) 「地域と学校の連携・協働におけるコーディネート機能の強化・充実〜今後，求められるコーディネーターの在り方〜」全国都道府県教育長協議会第2部会，http://www.kyoi-ren.gr.jp/_userdata/pdf/report/H30kenkyuu-2bu.pdf
9) 「「魅力ある高校づくり（高校魅力化）」をいかに評価するか〜「高校魅力化評価システム」の開発を事例として〜（三菱 UFJ リサーチ & コンサルティング政策研究レポート）」阿部剛志・喜多下悠貴，https://www.murc.jp/report/rc/policy_rearch/politics/seiken_191122_3/
10) 「地域活力の源！輝け高校生」は雑誌『高校教育』に 2013 年から 2017 年にかけて全国の高校の優れた教育実践を取材した連載記事である．

（URL 参照日は 2023 年 3 月 15 日現在）

引用・参考文献

内堀守 (1991)「朝鮮人による地下飛行機工場づくりを追う」宮下与兵衛〔編〕『高校生が追った戦争の真相』　教育史料出版社，161-190.

荻原彰・及川幸彦・小玉敏也・中口毅博・水山光春 (2022)「高等学校の地域協働における資金と組織」『日本環境教育学会関東支部年報』，9-14.

黒光貴峰・町田玲子 (2006)「都道府県別に見た高等学校における地域に対する見解と周辺地域との関わり」『日本家政学会誌』57 (10)，703-711.

下町壽男・浦崎太郎・藤岡慎二・荒瀬克己・安彦忠彦・溝上慎一 (2016)『アクティブ・ラーニング実践Ⅱ』産業能率大学出版部.

樋田大二郎・樋田有一郎 (2018)『人口減少社会と高校魅力化プロジェクト』明石書店.

茂木和佳子・松本健義 (2020)「SGH 教育プログラムにおける地域連携・協働による探究型学習の事例研究」『上越教育大学研究紀要』39 (2)，371-384.

文部科学省 (2019)『高等学校学習指導要領（平成 30 年告示）解説総則編』東洋館出版社.

山内道雄・岩本悠・田中輝美 (2015)『未来を変えた島の学校―隠岐島前発　ふるさと再興への挑戦』岩波書店.

山岸治男 (2016)『地域を再興する高校改革の臨床―住民による課題と展望の共有を視点に』多賀出版.

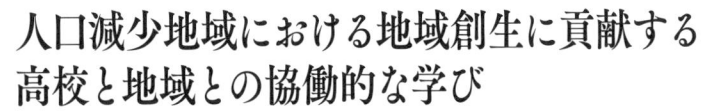

第3章
人口減少地域における地域創生に貢献する 高校と地域との協働的な学び

及川 幸彦

第1節　はじめに

　本章では，第1章「地域創生に資する高校の地域との協働的な学びの類型」の中で述べた，人口減少地域において，特に地域との密着度や連携性が高く，なおかつ地域創生への高校生の貢献の高いと考えられる高校の類型について考察する。

　具体的には，類型1「地域の伝統校として地域内外の人材を中核的に育成する高校」，類型2「地域に根差した教育活動を展開する高校」，そして類型3「専門学科を生かして地域の産業や発展に資する人材を育成する高校」，この3つの類型の高校の取組を事例に考察していく。

第2節　地域の伝統校として地域内外の人材を中核的に 育成する高校の取組（類型1）

　第1章で述べたように，このタイプ（類型）の高校は，いわゆる地域の「顔」となるべき伝統校であり，その地域の代表的な進学校であることも多い。したがって，大学進学を強く意識しながらも，地域の中心校として地域の中核的な人材育成を担うことが期待され，それに応える先進的かつ質の高い教育を志向している学校が多く存在する。カリキュラム的には，通常の科目に加え，「総合的な探究の時間」や「学校設定科目」等の探究的な学習を通じて地域や専門機関を巻き込んだ革新的な教育実践に取り組んでいる事例も数多くある。なか

には，SSH（スーパー・サイエンス・ハイスクール）や SGH（スーパー・グローバル・ハイスクール：2014 年〜2021 年），ユネスコスクール（ASPnet）などの認定を受けて活動を充実したり学校のステータスを高めたりする学校の例も認められる。

　一方で，これらの高校は，進学校であるがゆえに，大学進学時には，中央や大都市の大学へ進学する傾向が強く，生徒の多くが地域を離れていく。その結果，そのほとんどが大学卒業後に大都市等で就職して地元に帰還しないという課題がある。その後の故郷への U ターンもなかなか進んでいないという現状の中で，これらの学校は，「地域を担う人材を育成する」ということと「大学進学に資する学力を育成する」という 2 つの教育的ミッションに迫られ，ある意味ジレンマの中で教育活動を展開しているという側面がある。これまでのこの種の高校教育においては，とかく後者の面のみが強調されてきた経緯があり，これが，人口減少地域における若年層の流出を加速し，地域の次世代を担う人材の不足につながり，地域の活性化や地域創生を阻害する大きな要因ともなってきたといえる。

　したがって，これからの地域の伝統校においては，その教育的使命として，従来のように有名大学への合格率の向上に勤しむだけでなく，地域から一定数の生徒が流失することを念頭に置きつつも，地域を内と外から支え，地域の持続発展に寄与する人材をどのように育成するのかに焦点を当てた教育の推進も望まれている。このような観点から，ケーススタディとして「地域のリーダーの育成」と「地域を超えたリーダーの育成」の両輪を視野に「地域起点のグローバル・リーダーの育成」を掲げ，地域と連携して体験的・探究的に教育活動を展開する「宮城県気仙沼高等学校」（以下，気仙沼高校）の取組を事例に，「地域の内と外」から地域創りに貢献する教育活動の在り方を考察していく。

(1) 気仙沼高校の地域における期待と使命（ミッション）

　気仙沼高校は，1927（昭和 2）年に設立された前身の宮城県気仙沼中学校が，戦後の学制改革に伴い，1948（昭和 23）年に新制高校として「宮城県気仙沼高等学校」と改称して男子校として創立された。宮城県北部の三陸沿岸の漁業基

地の気仙沼市に位置し，宮城県三陸地方では最も伝統のある地域の進学校で，政治や経済，芸能，スポーツ分野で活躍する多くの人材を輩出してきた。その後，高校の男女共学化の流れや地方の少子化の趨勢によって，2005年に81年の歴史を持つ県立女子高校の鼎が浦高等学校と統合し，2018年には，気仙沼西高等学校と統合して，変遷を重ねながらも新生気仙沼高等学校として現在に至っている。

　この間，一貫して地域の中核校として地域の期待を背負いながら，「地域に愛着を持って学び，地域に貢献したり，世界に羽ばたいたりするなど，未来に向かってチャレンジする若者を育てる」ことを目標に，地域の発展に資する人材と全国・世界で活躍できる人材の育成をめざして教育活動を展開してきた。特に，当地方に大きな被害をもたらした東日本大震災から10数年の歳月が流れる中で，当時幼少期だった世代が高校生となり，「震災の記憶を持つ最後の世代」と自覚して，教訓を未来に伝え新たな社会の創造を担うべく努力するとともに，生徒自身も地域内外の多くの人々と交流しながら学びを進めてきた。

　このような背景を踏まえ，気仙沼高校は，地域の中核高校として，生徒一人一人が「高校卒業後，または，将来において，地域で，そして広い世界で地域にも貢献しながら豊かに未来を生きる」という自らのビジョンの実現につながる高校生活を送れるよう，以下のミッションを掲げている。

　①未来社会を生きる基礎力を養いたい。

　②自分の学びへの自信を感じさせたい。

　③東日本大震災の経験を前向きな動機として活かす「志」を膨らませたい。

　④一貫した教育で，地域の子どもを地域で育てたい。

　以上の観点から教育活動を展開することで，生徒に予測困難な不確実性の未来社会を，意思をもって「生き抜く力」を育むことをめざしているのである。

(2) SGH による「地域起点のグローバル・リーダー」の育成

　このような教育活動を実現するため，気仙沼高校は，2008（平成20）年にユネスコスクールに加盟し，「持続可能な開発のための教育（ESD）」を推進して

きた。また，地方の公立高校で珍しく，2016 (平成 28) 年度に文部科学省から
「スーパー・グローバル・ハイスクール (SGH)」(以下，SGH) の指定を受けた。
そのテーマを「海を素材とするグローバルリテラシー育成〜東日本大震災を乗
り越える人材をめざして〜」と設定し，地域や大学，海外と連携しながら探究
的な学習カリキュラムの開発に取り組んだ。本テーマは，2011 (平成 23) 年 3
月 11 日に当地域に未曽有ともいわれる大災害をもたらした東日本大震災から，
気仙沼市が「海と生きる」というキャッチフレーズを掲げ，復旧・復興の道程
を歩む中で，地域を活性化し，21 世紀をよりよく生きるためには，地域の資
源や地域への思いを携えて世界を舞台に活躍できる人材の育成が必要との思い
から生まれたものである。

　では，その人材とはどのようなものか。気仙沼高校では，SGH を推進する
にあたりめざす人材 (めざす生徒像) を次の 3 点と定義した。

　① 世界の中で地域を活かす思考力が豊かな人材

　② 海を通したグローバルな視点を持って異文化を理解し，他者と協働でき
　　るコミュニケーション力が豊かな人材

　③ 東日本大震災の経験を生かして社会に貢献し，海との共生による持続可
　　能な社会の実現を求め，行動力豊かに未来を生きる人材

　そして，その人材に必要な資質・能力を「グローバルリテラシー」と名づけ，
i「基礎的基本的な知識技能」，ii「思考力」，iii「コミュニケーション力」，
そしてiv「多様性・協働性・行動力」の 4 つとし，その育成に取り組んだ。

　気仙沼高校の SGH のカリキュラムフレームワークは，防災教育や地域連携，
国内交流などを通じて「地域のリーダーを育成」する「東日本大震災復興プロ
グラム」と英語教育や国際交流，授業改善を通じて「地域を超えたリーダー」
を育成する「地域協働学習プログラム」の 2 つに大別される。そして，その 2
つのプログラムをつなぐものとして，1 学年の学校設定科目である「地域社会
探究」，2 学年の学校設定科目「課題研究Ⅰ」，3 学年の学校設定科目「課題研
究Ⅱ」と，東日本大震災後に宮城県教育委員会が推進する「志教育」(総合的な
探究の時間) との関連を図りながら，学年段階を踏まえて系統的に実践する構

造となっている。これらの学習を通して，最終的には「地域起点のグローバル・リーダーを育成」するという SGH の目標を達成することをめざしているのである（図3-1）。

　これらの取組は，地域と深くかかわったり地域との連携に支えられたりしながら学習が展開されている。たとえば，1学年の「地域社会研究」では，「海と産業」,「海と人間」,「海と文化」,「三陸の自然」,そして「海と防災」の5つの研究領域から生徒が自ら探究したい課題を選択し多様な研究テーマが設定されるが，その探究活動を支える地域のリソースを活用するため，地域の人材や諸機関との連携が図られている。「海と産業」であれば，社団法人の気仙沼地域戦略，「海と文化」であればリアスアーク美術館，「海と防災」の学習では気仙沼市危機管理課防災情報係や東北大学災害科学国際研究所，「海と人間」は気仙沼市震災復興企画部，そして「三陸の自然」は NPO 法人「森は海の恋

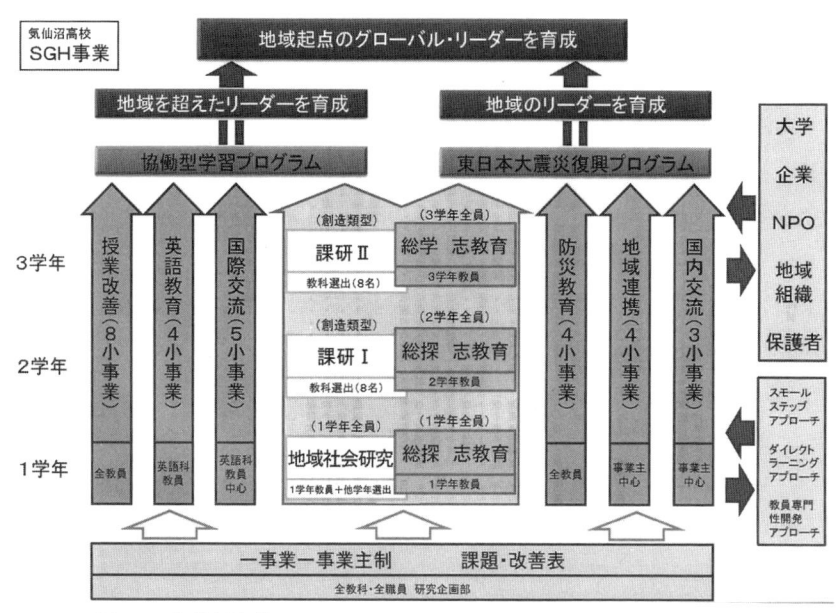

図 3-1　気仙沼高校の SGH のカリキュラムフレームワーク（令和 2 年度）

出典：宮城県気仙沼高等学校

人」など，多様な地域の諸機関と連携したりリソースパーソンを招聘したりしながら探究学習を進めている。また，これら学習を進める中で，体験的な学習を促すためフィールドワークも複数回取り入れているが，その訪問先として市内の諸機関（市役所や学校，社会教育施設，企業，NPO 等）や仙台市の各大学等と連携して実施している。そして，これらの探究学習のプロセスや成果を中間発表会や学年発表会で発表して学びを共有している。その際には，5つの領域ごとに優秀な発表には賞を出し，発表した生徒へのエンパワメントを図るとともに，他の生徒にも今後の探究の方向性を共有したり示唆したりする効果を期待している。なお，評価については，ルーブリック表を作成し，レポートやフィールドワークなどを観点別に評価し，担当教員によってばらつきが出ないようにも工夫している。

　第2学年，第3学年の課題研究ⅠおよびⅡについては個人探究となり，テーマが SDGs や国際的な課題を見据えた包括的なものや広がりも見られるようになるが，基本的には1年の「地域社会研究」の学習のスタイルや流れを引き継いだものとなっている。そして，「地域の課題を踏まえて，地球的な視野で考え，持続可能な社会創りに貢献する」という「地域起点のグローバル・リーダー」に必要な資質・能力の育成に向けて学びを進める。

（3）気仙沼高校の探究学習のカリキュラムデザイン

　気仙沼高校では，2016 年の SGH 指定によるカリキュラム改訂を踏まえて，現在まで地域との連携を柱に探究学習を持続発展させている。そのカリキュラム編成と学習の実際について考察していく。まず，探究のテーマであるが，気仙沼高校で，学年段階に応じて大きく以下の3つのカテゴリーに分けて取り組んでいる。

　i. 海や震災，まちづくり，社会とのつながりなどの「地域・学校の特色」

　ii. SDGs をベースとしたグローバルな「横断的・総合的な課題」

　iii. 進学校の受験科目，実業校の就職希望，地域普通校の多様性に応じた「教科・職業・興味の分類」

以上のカテゴリーから生徒は自分の興味・関心や学年の発達段階，SDGs との関連から多様なテーマを設定し，探究学習を展開している。その学びの中で，生徒たちは，それぞれのテーマや課題の意義を自分の学びとしてどのように落とし込めるか，また，自分の課題探究の学びをどのように社会的な意義や進路につなげていくかを，以下の学年段階のカリキュラムに応じて試行錯誤しながら取り組んでいるのである（図3-2）。

1学年	2学年	3学年
共通	**創造人文（4）・創造理数（2）**	**人文類型（3）・理数類型（2）**
総合的な探究の時間① **地域社会研究①** （91時間）	総合的な探究の時間① **課題研究①** （90時間）	総合的な探究の時間① （35時間） **創造類型（1）** 総合的な探究の時間① **課題研究Ⅱ①** （63時間）
海に関する5分野 産業・人間・文化 自然・防災（50テーマ） （担当13名）	**興味・関心 地域・日本・世界 SDGs(203テーマ) （担当20名）**	**興味・関心(132テーマ) （担当11名） 世界・SDGs(25テーマ) （担当6名＋英語8名）**

図3-2　気仙沼高校の探究学習（令和5年度〜）

出典：宮城県気仙沼高等学校

① 地域社会研究（第1学年）

　第1学年の「地域社会研究」は，総合的な探究の時間を活用し「協働型学習プログラム」の一環として実施される。3〜5人で編成されたグループで話し合ってテーマを設定して探究するグループ探究学習であり，そのテーマは約50本にも達する。

　まず，第1学年は，地域を対象として「地域を知る」ことから始まる。その中で，フィールドワークや地域の多様なリソースパーソンから話を聞くなどして探究方法も学びながら地域への理解を深めていく。その中で探究の核となる5名の地域のリソースパーソンについては，テーマを超えて全員で講話を聴く

機会を設けている。また，東北大学等の専門家からも講演や学習へのアドバイスを受けたりしながら学習の質を高めている。

　また10月のフィールドワークでは，気仙沼市東日本大震災遺構・伝承館，市水産課，気仙沼観光協会，シャークミュージアム，定住移住センターなどの市内28か所の施設を訪問し，探究テーマや課題に応じた体験・探究学習を展開している。さらに，12月のフィールドワークでは，東北大学，宮城教育大学，宮城大学，尚絅大学，海洋大学三陸サテライト等の主に仙台市の大学を中心に視察し，キャリア教育にもつなげた学習を行う。

　そして，これらの探究学習の成果を共有・発信することを目的に中間発表会や最終発表会を開催している。この発表会には，「地域社会研究」の経験者でもある2年生も参観して，後輩の課題探究の方法や表現・発信についてアドバイスする機会を設けている。

② 課題研究＋総合的な探究の時間（第2学年，第3学年）

　第2学年では，課題探究と総合的な探究の時間を組み合わせ，2単位として個人探究を行っている。テーマとしては，1年生からの継続もあれば，教科科目に関連するもの，趣味や将来の夢などさまざまで，200を超えるテーマが設定される。

　夏休み前の7月には，地域の企業や教育関係者，行政，デザイン関係，食品関係，そして正月飾りを製作する老人に至るまで，約28人の地域人材と連携して講話や体験活動が実施される。生徒はその中で自分自身の探究課題を見出し，夏休み明けの8月には，テーマ設定・発表会を開催する。

　10月には，探究活動の一環として地域のフィールドワークを実施するが，その際には，進路関係の業者やNPOが間に入りコーディネートする。また，海外研修として，台湾で研修を実施し，防災の観点から同じように海に囲まれた島国で災害の多い2か国を比較検討する学習も行っている。これらの第2学年の個人探究も，1学年と同様に発表会を実施するが，その際には，1年生と3年生も参観し，1年生は次年度の個人探究学習に向けた学びを，3年生は自身の学習経験を踏まえて，後輩に指導助言を行っている。

一方，第3学年では，「創造類型」の生徒は，第2学年の課題探究を発展させて「課題探究Ⅱ」として個人の探究学習に取り組むが，その他の生徒については，受験や就職を控えていることもあり，総合的な探究の時間1時間を割り当て，夏休み前に終了するように集中的に実施している。テーマとしては，世界の諸課題やSDGsなどグローバルな課題を探究する生徒が多い。これらの学習の最後には，集大成として実践発表会を開催するが，これには全校生徒が参加し，3年間の学びを生徒が相互評価する機会を設定している。

(4) 地域の復興に貢献する「東日本大震災復興プログラム」

　気仙沼高校は，東日本大震災の被災地である気仙沼市の中核校として，震災からの地域の復興を担う人材の育成に注力してきた。その一環として「東日本大震災復興プログラム」を立ち上げ，総合的な探究の時間や学校行事，防災週間と関連づけながら，基本的には希望制の教科外で，地域の復興に資するさまざまなプロジェクトや活動を展開してきた。全学年が対象であるが主に1年生が中心で，定期的な避難訓練，大学の専門家や地域の被災者による震災・防災の講話，タウンウォッチングとハザードマップの作成などの活動を，1年生は総合的な探究の時間，2・3年生はロングホームルーム（LHR）等を活用して実施するとともに，防災週間では教科ごとに特別授業として，放射線や防災タイムライン，災害などをテーマに横断的な授業も展開している。

　東日本大震災から時間を経るごとに，震災や防災関係のテーマは減少傾向で，最近では全体の5分の1程度ということであるが，企業と一緒に商品開発をしたり，老人ホームに化粧品業者と一緒に行って入居者に化粧をしてあげたり，地域のコスプレイベントに参画したりと地域と密着した活動に取り組んで，地域の復興に貢献しようとする生徒の姿が見られる。そのような生徒たちの本気でやろうという思いに，地域の大人や行政が労力を割いたり，資金や機会を提供したりして協力している。特に企業は，ユース（生徒）が中心の活動だと，協力の申し入れには柔軟に対応するなど積極的に支援してくれる環境にある。反面，行政関係は，協力の申請等の手続きが煩雑で，生徒や教師の負担が大き

いとの指摘もされている。学校としては，このような生徒の探究学習における地域の団体や企業，行政との連携が縦割りにならずに有機的に機能するように留意している（図3-3）。

図3-3　気仙沼高校の地域と連携した探究学習

出典：宮城県気仙沼高等学校

(5) 学習の成果と生徒の変容

　このように気仙沼高校では，地域や関係機関，大学等の専門機関との連携に支えられた3年間を見通した探究学習の積み重ねによって，生徒一人一人が卒業までに自分なりの学びの成果を発信する。どんな生徒も自分の学習テーマについて人前で話せるようになり，「自分自身で何かやってみよう」というパイオニア精神を持って，自ら主体的に行動できる「行動志向の生徒」が数多く育ってきている。「今後さらに，自分はこんなことをやってみたい」という発展的な探究意欲も高めている。これは，生徒たちの個々の探究的な学びの中で，周囲の大人に関わってもらえるという安心感に支えられていることが大きいと教員たちは見ている。さらには，地元や島根県等の他地域のNPOのインターンシップに参加して体験的に学びを深めたり，積極的に地域の行事に参加して地

域の活性化に貢献したりするなど，地域参画の意欲を高める生徒も多く見られるようになってきている。

　また将来に向けては，学習を通じて「自分は将来，こんなことをしたい。こんなふうに生きたい」という思いを育み，実際に，「将来，農業に携わって地域の復興や食に貢献したい」とか，「教員になって，震災の経験を生かした防災教育に取り組みたい」というような希望を膨らませて，その実現に向けた進路選択をする生徒もいる。これらの生徒の姿や事例は，今，探究学習を進めている後輩たちのロールモデルにもなり得るものである。

　同時に，これらの探究の質の高い学びを，大学受験の学校推薦型や総合型選抜で表現し，国公立大学や有名私立大学に合格するなど，自分のキャリアにつなげる事例も数多くみられるようになってきた。探究が大学受験や進路選択にも直接生きている証左である（**図3-4**）。

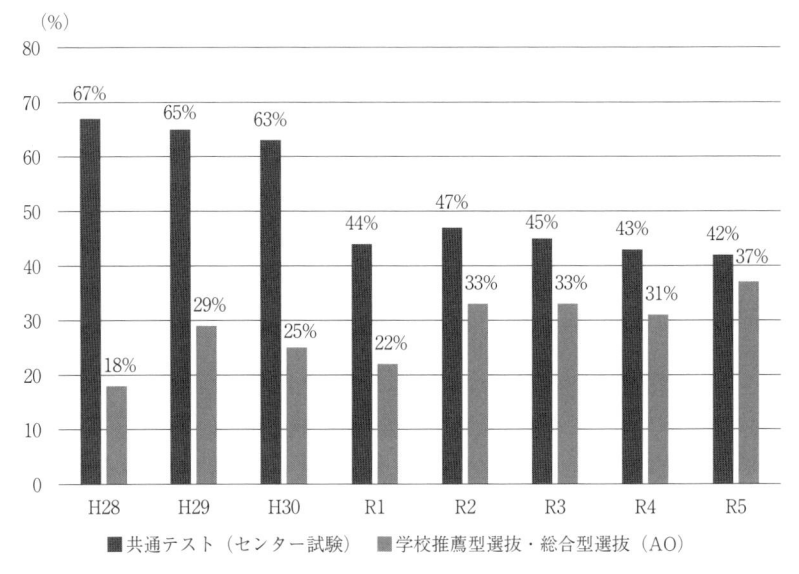

図3-4　気仙沼高校のセンター試験及び学校推薦型・総合型選抜の大学受験者の割合
出典：宮城県気仙沼高等学校

第3節　地域の高校として地域に根差した教育活動を展開する高校の取組（類型2）

　このタイプ（類型）の学校は，第1章で述べた通り，地方の比較的小規模な自治体の高校教育を担う学校として設立された高校で，地域住民に親しまれ地域との絆も非常に強い。したがって，地域と連携・交流しながら「地域に根差した教育活動」を展開して地域の活性化に貢献している高校が数多く見られる。なかには，文部科学省のコミュニティ・スクール（CS）に登録し，地域と一体的となって教育活動を展開している事例もある。現在，少子高齢化で人口減少が進む地方自治体においては，このタイプの高校による地域活性化や地域創生への貢献の事例が最も多いといえる。

　ただ，近年，特に地方での少子化・人口減が急激に進展する中で，生徒数の減少により学校存続の危機に直面する学校も多く，人口減少地域では近隣の自治体の学校との統廃合が大きな課題となっている。その一方で，普通科高校と実業系の高校との統合も進み，幅広い選択科目の中で学ぶことで生徒の個性を生かした学習を重視する「総合学科」を開設する学校も増えてきた。そのような学際的な教育を実現するという意味においても，地域との連携を包括的に推進していかなければならないという高校側の必要性も出てきている。

　ここでは，少子高齢化とそれに伴う人口減少が進む福島県の奥会津地方の山間部の只見町に位置する「福島県立只見高等学校」（以下，只見高校）を取り上げ，同校の地域に根差しながら地域の活性化や地域創りに貢献する教育活動について考察していく。

（1）只見高校への地域からの期待と山村教育留学制度

　只見町は福島県の南西部に位置し，新潟県と県境を接する会津地方の最深部に位置する。この地域は日本有数の豪雪地帯であり，降雪量の多い年には，積雪3ｍ以上となる年もある。この豪雪が豊かな水源となって山から流れ出る地形を生かして，昭和の時代には水力発電用のダムが数多く建設され，日本の高

度経済成長期を支える電力を供給した。また，その豪雪が育む美しいブナ林や雪食地形などによる豊かな生態系によって，2014年には「只見ユネスコエコパーク」として，日本では7番目のユネスコの「生物圏保存地域（Biosphere Reserves：BR）」に登録された豊かな自然に恵まれた地域である。

只見高校はこの福島県南会津地方の高校教育の場として，創立以来地域とともに75年の歴史を歩んできた。2023年現在，全日制普通科各学年1クラスの構成で89名が学んでいる。高校としては小規模校であるが，それを利点としてとらえて「小さな学校の大きな可能性」をキャッチフレーズに掲げ，日々の教育活動に取り組んでいる。

しかし，中山間地域の例にもれず少子高齢化が急激に進む只見町では，只見高校の生徒は，まさに「町の将来を担う地域の宝」である。只見町は，幼稚園から高校まで町全体で子どもたちを大切に育てるという意識の高い地域であり，生徒たちは，常に地域の温かなまなざしに守り育てられている。また，県立高校であるにもかかわらず，只見町が只見高校に対し予算を支出して，生徒一人一人の目標を実現させるための数々の支援制度を整えている。

その中でも特筆すべきは，「只見町山村教育留学制度」である。この制度は，只見町外から只見高校に進学する生徒を「只見町山村教育留学生」に認定し，町が運営する学生寮の「奥会津学習センター」で生活支援やさまざまな教育支援を行う制度である。2023年現在，22名の生徒が寮生活を送りながら只見高校で学んでいる。少子化が進む只見町において，只見町出身の生徒と福島県をはじめ全国各地の出身の生徒が，共に高校生活を通して学ぶことで，視野を広げたり，互いに刺激を受けながら高め合ったりしている。只見高校の生徒の約7割は，只見町で生まれ育った子どもたちであるが，留学生がこれらの生徒たちと触れ合いながら，留学期間中に，只見ならではのさまざまな体験に積極的に取り組むことで，豊かな自然や文化，生活に触れながら，将来，町を支える人材に育つことが期待されている。実際に，卒業後，故郷に戻らずに只見町内に就職し，町づくりに貢献している卒業生も出てきた（図3-5）。

図 3-5　只見町山村教育留学制度（奥会津学習センター）
出典：福島県只見町

(2) コミュニティ・スクールによる地域に根差した教育活動

　只見高校は，福島県教育員会から2021（令和3）年度に地域とともに地域に根差した教育を進める「コミュニティ・スクール（CS）」に指定された。この認定は，ある意味，福島県の高校教育における只見高校へのミッションとしての意味合いが強いといえる。

　コミュニティ・スクール（学校運営協議会制度）は，学校と地域住民等が力を合わせて学校の運営に取り組むことが可能となる「地域とともにある学校」への転換を図るための有効な仕組みとして，文部科学省が推進する教育施策であり，2004年，地方教育行政法の改正によって定められた。コミュニティ・スクールでは，学校運営に地域の声を積極的に生かし，地域と一体となって特色ある学校づくりを進めていくことが求められる。そこで，2017年の法律改正（地教行法第47条の5）に基づいて教育委員会が学校に保護者代表や地域住民，地域学校協働活動推進員等から構成される「学校運営協議会」を設置することが努力義務とされた。これにより，コミュニティ・スクールは，2022年度現在15,221校に上り全国的な広がりを見せるようになり，特に小中学校では，全体の半数近くに上っている（図3-6）。

　コミュニティ・スクールの学校運営協議会の主な役割は以下のとおりである。

　i.　校長が作成する学校運営の基本方針を承認する

　ii. 学校運営に関する意見を教育委員会又は校長に述べることができる

iii. 教職員の任用に関して，教育委員会規則に定める事項について，教育委員会に意見を述べることができる

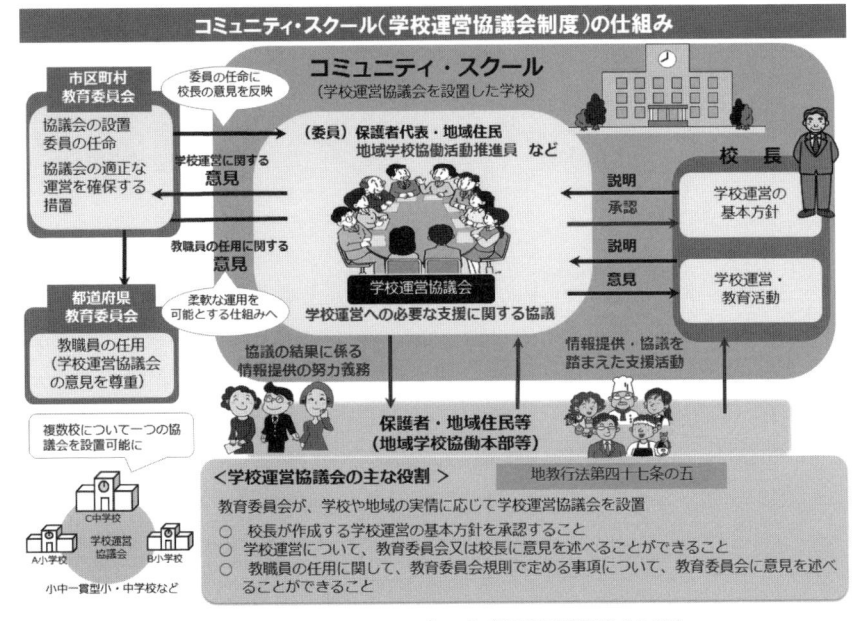

図 3-6　コミュニティ・スクール（学校運営協議会制度）

出典：文部科学省

　福島県教育委員会は，県内の県立高校の個性化と差別化を図るため，「県立高校コミュニティ・スクール推進事業」として，県全体で只見高校を含む7つの高校（川俣高等学校，湖南高等学校，猪苗代高等学校，西会津高等学校，川口高等学校，石川高等学校，只見高等学校）を令和2年度から順次コミュニティ・スクールとして認定した。これらの高校はみな，只見高校と同様，比較的人口の少ない農村部や山間部の自治体に設立された，いわゆる地域を担う人材を育成する「類型2：地域に根差した教育活動を展開する高校」に該当する。

　只見高校は，2021（令和3）年に指定されて以来，学校運営協議会を設置して，地域の参画のもと，地域の住民や機関と連携した探究学習を推進し，地域の創

造への貢献を意識して「地域に根差した教育活動」を展開してきた。特に，県立高校では珍しく，福島県だけでなく只見町からも教育に対して多大なる財政的な支援を受けており，町に支えられて成り立っている高校である。まさに，只見高校は，「只見という地域に浮かぶ船」である。

(3) 地域と連携した教育活動とカリキュラム

① 地域に根差した探究学習

只見高校では，コミュニティ・スクール指定後の 2022 年から主に「総合的な探究の時間」を活用して地域の課題を踏まえた探究学習と地域貢献活動を実践してきた。当初は，町の学習コーディネーターを活用して学習を支援してもらっていたが，その後，独自の助成金も獲得して，もう一人のコーディネーターを確保し，各学年の探究を連続性のある学びになるよう再構築するようになった。それらの学年ごとに探究学習のテーマやつながり，その発展を見ていく。

只見高校では，扱う題材（＝テーマ）は，学年が上がっても基本的に変えずに，テーマ内の小グループを各自の課題意識に応じて変化させることで，只見町の良さを継続的に探究させつつ，プロジェクトを通して学年ごとの各自の学習の成果も実感できるようにしている。

【第 1 学年】

第 1 学年では，まず地域探検を通じて町の実情を知ることから始まる。大きなテーマとしては，「只見の自然・森林」，「只見の食・農業」，「只見の観光・暮らし」などである。その中で，それぞれが課題を設定し探究していく。その学びの過程を通じて生徒は探究の手法を身につけていくのである。

【第 2 学年】

第 2 学年では，町の良いところを探し，それを伸ばすにはどうしたらよいかを，それぞれのテーマを発展させ，考えていく。たとえば，只見の豊かなブナ林等の森林や川など恵まれた自然を存分に体験し，その良さを PR（発信）するにはどうすればよいかを考える。その一方，自然の脅威の側面として，2011 年に JR 只見線が寸断されるなど大きな被害をもたらした豪雨災害など

の学習をもとに防災について探究し発信する。

　また，「只見の食・農業」の探究では，只見の米と名産のトマトに焦点を当て，それを活用した新名物の開発について探究し実践してみる。さらには，「只見の観光・暮らし」の探究では，観光 PR を考え，新たな商品開発にも取り組んでみる。

【第 3 学年】

　第 3 学年では，町をよくするための政策提言を作成する。そのために只見町の職員をゲストティーチャーに招聘して講話してもらったり，種々の調査やヒアリングを通じてオーバーツーリズムについて探究したりして，その学習成果をもとに提言する。

　以上のように，各学年の探究学習は，只見という地域を対象とし，只見の自然（環境）や産業（経済），そして暮らし（社会）をテーマとして探究学習が進められる。すなわち，只見高校の探究学習は「地域に根差した学び」であり，「ローカル SDGs」の学びというべきものである。

② 小規模校ならではのさまざまな進路に合わせたカリキュラム

　只見高校では，「小さな学校の大きな可能性」を合言葉に，全学年単学級という小規模校の特色を生かし，さまざまな生徒のニーズや進路に応じた柔軟なカリキュラムを編成している（図3-7）。

　1 年次（第 1 学年）では，生徒全員が共通のカリキュラムに沿って学習する。第 2 学年になると，大学進学希望者を中心とする「総合進学コース」と，専門学校進学・就職希望者を中心とする「教養コース」の選択制となる。さらに，第 3 学年では，「総合進学コース」の生徒が文系・理系の選択を行う。したがって，3 年次には「教養コース」，「文系進学コース」，「理系進学コース」の 3 コースが並列することとなる。

　このように，只見高校では入学時に進路の選択を迫るのではなく，地域に根差した豊かな体験活動や探究活動，そして山村教育留学制度による寮生活等によって，協働的な学びの中で自己の興味や価値観を醸成し，それに応じた進路を段階的に焦点化し選択できるカリキュラムとなっている。ここにも地域とと

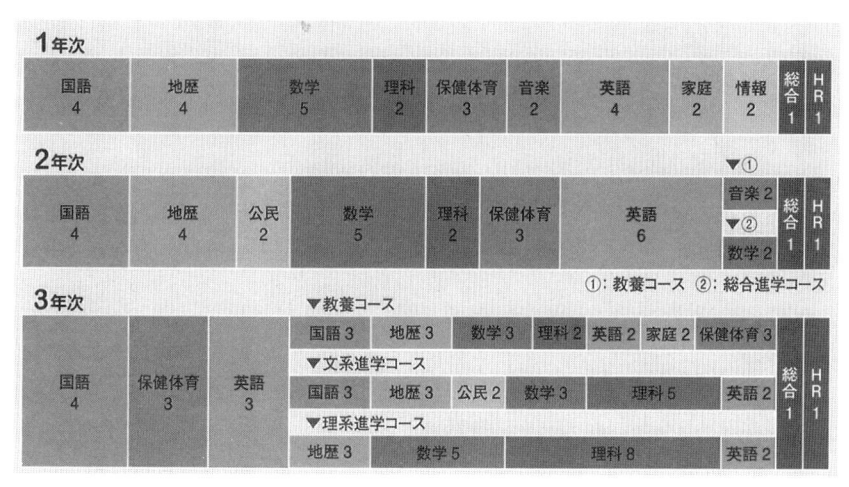

図3-7　只見高校のカリキュラム

出典：福島県立只見高等学校

もに学び，成長する只見高校の特色がある。

(4) 地域と連携した学びによる生徒の変容

　以上のような，地域と連携し，地域に根差した探究的な学びによって只見高校の生徒はどのように変容したのかについて考察してみる。

　第2学年終了時に生徒に行ったアンケート調査（図3-8）によると，探究活動が始まる前と後を比較して「生徒の地域への意識」について次のような変容が見られた。まず，探究学習を通じて，「地域とのつながりが増えたか」という設問では，「とてもそう思う」と答えた生徒が6割近くおり，「そう思う」という生徒を合わせると，9割以上の生徒が地域とのつながりが増えたと認識している。これは，これまで述べてきた通り，只見高校が地域を担う高校として地域と連携し，地域に根差した探究学習を推し進めてきたことが生徒の意識として表現されたものであり，ある意味，当然の結果と言っていい。

　次に，さらに一歩踏み込んで，「探究学習を通じて地域のことが好きになったか」については，「とてもそう思う」と答えた生徒が4割以上，「そう思う」

設問「只見高校で探究活動が始まる前と比べて」当てはまるところにチェックをつけてください。
①探究学習を通じて，自分と地域のつながりが増えた。

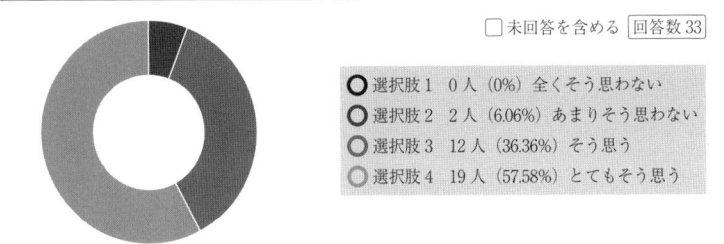

□ 未回答を含める　回答数 33

- 選択肢1　0人（0%）全くそう思わない
- 選択肢2　2人（6.06%）あまりそう思わない
- 選択肢3　12人（36.36%）そう思う
- 選択肢4　19人（57.58%）とてもそう思う

②探究学習を通じて，地域のことが好きになった。

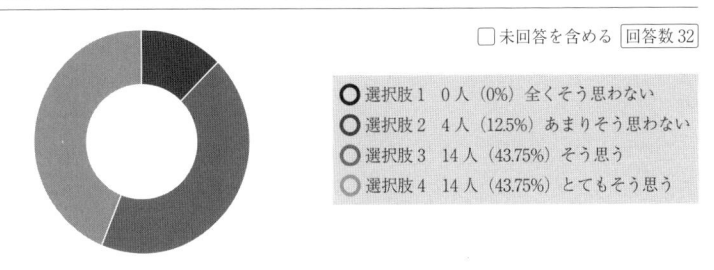

□ 未回答を含める　回答数 32

- 選択肢1　0人（0%）全くそう思わない
- 選択肢2　4人（12.5%）あまりそう思わない
- 選択肢3　14人（43.75%）そう思う
- 選択肢4　14人（43.75%）とてもそう思う

図 3-8　只見高校生徒の地域に対する意識調査

出典：福島県立只見高等学校

という生徒も 4 割以上とほぼ同比率であった。上記の「地域とのつながりの認識」ほどは，「とてもそう思う」という生徒の比率は高くなかったが，それでも両者を合わせると 9 割近くと肯定的な結果が出ている。これは，只見高校の地域のつながりを意識した探究学習を通して，多くの生徒が只見への愛着や誇りという地域への肯定的な印象を抱くようになってきたことを示している。

　また，教員からも，探究学習のプロセスや結果から，生徒のさまざまな変容が報告されている。たとえば，商品開発に取り組んだコースのリーダーの生徒たちが，活動を通して自信を持つようになり，その後の自分のキャリアに結びつけようとした。また，防災班として豪雨災害の復旧工事に携わった建築会社の人の話を聞いた生徒は，それに触発されて語り部活動をはじめ，地域の現状

を見つめ直そうとする力を養うなどの変容が見られたという。

　一方，他県や他地域から山村教育留学制度を活用して寮生活を行いながら只見高校で学んでいる生徒たちも，地元出身の生徒とともに地域に根差した探究活動に取り組むことで，災害で被害を受けた地域の「道普請」に参画してその復興に貢献したり，逆に，沖縄出身の生徒が，伝統と実績のある地元沖縄の平和教育を，是非，只見高校の学習にも取り入れたいと提案したりするなど只見と他地域との相互の良さをつないだ学びに発展させている。

　地域の住民もまた，このような只見高校の生徒たちが，只見を舞台に主体的に学びを展開する様子を見てみて，「持続可能な地域の創り手」として期待を寄せており，その姿に希望を見出している。だからこそ，地域を挙げて生徒たちの学びをサポートしているのである。

(5) 只見高校の今後の課題と可能性

　只見高校の今後の課題と可能性について考えた時，「地域に根差して地域に貢献する学びの良さ」を認識しつつも，その学びが地域に閉じることなく，全国や世界にも目を向け，視野を広げていくことが重要である。高校生の発達段階を考慮した際には，地域への探究心や貢献する力とともに，グローバルな視点で課題を見据え，その解決に向けて貢献していく意識と資質・能力の育成が求められる。只見高校といえども，すべての生徒が只見に残るわけではない。卒業後，進学や就職を通して，全国や世界に羽ばたく生徒も多くいる。そのような生徒が，只見高校時代に地域に根差した探究学習で育んだ力を生かして，より広い世界で活躍できるような広い視野と生きて働く力（活用力）を育成することが必要である。

　その一つの象徴としてあげられるのが，「ユネスコエコパーク（BR）」である。只見は，エコパークに認定されているが，これは単なる地域固有の財産ではない。ユネスコという国連機関が認証する国際ブランドであり，国際的なネットワークでもある。「只見ユネスコエコパーク」に抱かれて学びを進める只見高校には，この普遍的な自然的遺産を地域だけでなく国際的な視点でとらえ直し，

只見の価値を再認識するような学びも展開してもらいたい。

　そのためには，小学校，中学校，高校が発達段階に即して連携・接続し，地域が一体となって「持続可能な社会創りを学ぶ」ことが重要である。ユネスコエコパークを有する只見町は，町教育委員会の主導で小学校，中学校の全校がユネスコスクールに加盟して，町を挙げて ESD や海洋教育に取り組んでおり，その取組は内外からも高く評価されている。この義務教育の先進的な ESD の学びと只見高校の地域に根差した探究的な学びをどのように発展的に接続するか，また，その校種間連携により生徒の視野をどのように広げていくかが今後の課題といえる。「地球的視野で地域を学ぶ」，そのような探究的な学びを期待したい。

第4節　専門学科を生かして地域の産業や発展に資する人材を育成する高校の取組（類型3）

　このカテゴリー（類型）に該当する「専門学科（職業学科）」を主軸とする実業系の高校は，経済社会の進展に適切に対応するための多様な教育内容を用意するとともに，基礎教育の重要性にも配慮して，時代の変化に柔軟に対応できる能力や態度の育成にも努めてきた。これらの高校は，全国的には，中堅技術者の養成を中心に我が国の産業および経済の発展に寄与するだけでなく，それぞれの地域においても，その地域の主力産業に直接結びついた実業教育を推進し，地域経済を担う人材を輩出し，その地域の発展に大きく貢献してきた。

　しかしながら，近年は，少子化の影響による生徒数の減少や各都道府県が推進する高等学校の再編整備，普通科への偏重傾向等の影響により，普通科と比べて生徒数や学科数は減少傾向にあり，特に，人口減少地域では普通科高校との統合・再編が進む状況にある。しかし，これらの高校の中には，それぞれの専門性を生かしながら地域との連携・協働を促進し，独自のアプローチで地域の諸課題に取り組んで，地域の活性化や地域創生に貢献している取組も数多く存在する。

　ここでは，ケーススタディとして，海洋という専門性を生かし，地域に根差しながらも多様な主体とのネットワークを構築して教育活動に取り組んでいる「山形県立加茂水産高等学校」（以下，加茂水産高校）を取り上げ，その地域と連携した教育実践について考察する。

（1）加茂水産高校の地域社会からの期待と教育的なミッション

　加茂水産高校は，戦後の食料事情の緩和と，水産資源開発のための中堅技術者の養成を目的とし，1946（昭和21）年に「山形県水産高校」として山形県鶴岡市に創設された。その後，学校教育法施行により「山形県加茂高等学校」に校名を変更し，現在に至っている。山形県唯一の水産高校として，80年近くの歴史を有する学校である。

　加茂水産高校は，校名の通り「水産科」の単科の実業系高校で，「海洋技術系」，「資源増殖系」，「食品系」の3つのコースに分かれており（2023年度学科再編），漁業実習船「鳥海丸」も有している。ミッションとしては，「海・船・水産物のスペシャリスト」の育成を掲げ，水産高校としての専門性を生かし「海を活かす・守る・興す人づくり」をめざしている。

　一方で，「SDGs未来都市」に選定され，「ユネスコ食文化創造都市（UNESCO Creative Cities Network）」の登録も受けている鶴岡市に立地していることから，SDGsやESDを意識した自然体験活動や環境教育，海洋教育の拠点やハブとして，地域からの期待も大きい。実際に，加茂水産高校が事務局となり，地域や県内の水産関係機関や教育機関，大学等の多様な主体からなる「山形県海洋教育

図3-9　鳥海丸での洋上実習

出典：山形県立加茂水産高等学校

研究会」を組織して海洋教育の普及促進に努めるとともに，加茂水産高校自体も現在，ESD の推進拠点である「ユネスコスクール (ASPnet)」に加盟申請中であり，キャンディデート校に登録されている。

このように加茂水産高校は，豊かな自然環境と地域のリソース，多様な主体とのネットワーク，そして国際的な認証 (ブランド) 等を活用しながら，海洋の視点から「地域を活かし，守り，興す人づくり」に取り組んでいるのである。

(2) 海洋の専門性を生かし地域に貢献する探究学習：SPH を活用した取組

加茂水産高校は，2015 (平成 27) 年から 3 か年，文部科学省から「スーパー・プロフェッショナル・ハイスクール (SPH)」の指定を受け，海洋をテーマに地域と連携して探究的な学習の改善に乗り出した。研究開発課題を「中型実習船『鳥海丸』を効果的に活用し，学校の活性化を図るとともに，地域に貢献するためのアグレッシブな地域再生の原動力たる水産教育の実践」と設定し，以下の 3 つの柱に沿って研究活動に取り組んだ。

①船・海・水産物のプロフェッショナルとして地域に貢献できる人材育成を目標とした「海を活かす人づくり」

②豊かな海を継承するための環境保全と水産振興に取り組むことができる人材育成を目標とした「海を守る人づくり」

③地域の漁法や食文化の伝承と新たな水産物流通や消費者ニーズに対応できる人材育成を目標にした「海を興す人づくり」

この 3 つの柱に基づいて，生徒はそれぞれのグループごとに課題を設定し，授業で学んだ専門的な知識を活かしたり，体験活動や調査活動，専門家へのヒアリングなどの実践的な学びを活かしたりしながら探究学習を進めていく。SPH の最終年度 (3 年次) には，3 つの柱 9 テーマで，12 の研修報告 (教員) と12 の研究報告 (生徒) がなされている (表 3-1)。

これらの研究 (探究) テーマと教員による研修報告，そして生徒たちの研究報告を見ると次の特徴が挙げられる。まず一つ目は，地域の海洋資源を活用し

表 3-1　加茂水産高校の SPH の柱と研究 (探究) テーマ

A	海を活かす人づくり	A-1	窒素氷活用による地域課題解決学習
		A-2	地元に密着し安全で安心な新水産加工品の開発
		A-3	新加茂水族館に対応した学校特設科目での連携強化
		A-4	産官学連携による水産業担い手育成プログラムの開発と実践検証
B	海を守る人づくり	B-1	海洋資源保全に貢献できる学習と研究
		B-2	海洋教育による幼児期から水産キャリア教育
C	海を興す人づくり	C-1	中型実習船を効果的に活用した特色ある教育実践
		C-2	メタンハイドレートの研究
		C-3	総合実習課題研究による伝承漁法や漁具の改善と実践方法

出典：加茂水産高等学校「スーパー・プロフェッショナル・ハイスクール」研究実施報告書 (第3年次) より作成

た研修や研究が実践されているということであり，2つめは，研修と研究 (探究) がセットになっており，専門家の講義と実験等により課題探究を深めたり，生徒が実際に実習船に乗船したり住民に聞き取り調査をしてデータを収集・分析したりして探究的に学習を進めている点である。そして，3つめは，実習船を含む地域の施設や水族館等の社会教育施設，企業，大学等のさまざまな機関と連携して，外部資源を有効に活用しながら課題探究が進められているということである。

　このように，加茂水産高校では，地域の物的・人的なリソース (資源) を有効に活用しながら生徒一人一人が課題に沿って探究することで学びを深め，その成果を地域に発信しながら地域の活性化に貢献するという「循環的な学びのプロセス」を構築しているのである。

(3)「山形県海洋教育研究会」を通じた多様な主体との地域ネットワークの構築

　加茂水産高校の取組でもう一つ特筆すべきは，「山形県海洋教育研究会」の組織運営である。この研究会は，地域の自治会やNPO，県内の水産関係の諸機関，鶴岡市の学校や教育委員会等の教育機関，大学や企業，財団等からなる

まさに「海をテーマにした多様な主体の参画と協働による学びの場」であり，海洋教育を推進するマルチステークホルダーのネットワークでもある。この起源は，1949（昭和24）年に漁村地域の教育や生活改善のための運動として開催された第1回「海岸地教育会」であり，その後，1960年に「山形県漁村教育研究会」に，2001年には「山形県海洋教育研究会」に名称変更しながら連綿と活動が受け継がれ，2024年度現在まで第63回を重ねる歴史のある研究会である。事務局は加茂水産高校が務め，2023（令和5）年度には，教育関係では保育園，小学校，中学校28校園と鶴岡市と酒田市の2つの教育委員会，水産・海洋の関係機関では，漁協や水産行政，水族館や自然の家などの社会教育施設，地元の自治会やNPO，企業，大学，メディアなどの22団体，合計50団体，55人が参画した。年2回の研究会（総会と研究協議会）では，専門家の講演会や事例発表，参加団体相互の情報交換会が行われ，それぞれの団体の相互連携のもとで山形・庄内の海洋教育推進への認識の共有とその実践に大きく貢献している。

　2023年には，財団の助成を受けて，NPO法人が運営する「渚の交番　カモンマーレ」が加茂水産高校の隣接地に開設され，「豊かな海を次世代に引き継ぐ地域創りの総合拠点」としての機能がスタートした。また，同年には鶴岡市教育委員会が「パイオニアスクールプログラム」の地域展開部門に認定され，鶴岡市の小中学校26校が海洋教育の推進に取り組むこととなった。これらの団体や学校が山形県海洋教育研究会に参画することで，市内の学校の子供たちは，カモンマーレをはじめ山形県海洋教育研究会に参画する加茂水族館，漁協や水産課，NPOや自治会などが主催するさまざまな海の体験活動や講座，制作活動に参加し，海に対する興味関心を高めながら海洋教育を推進できるようになった。これらのさまざまな地域の機関や多様なイベントをつなぎネットワークとして体験活動や探究活動を支援するという「ハブ機能」を果たしているのが，山形県海洋教育研究会であり加茂水産高校である。

　このように，加茂水産高校は，SPHなどを通じて海洋の専門性を活かしながら探究学習のカリキュラムを工夫・改善し，自校の生徒の資質・能力を育成することで地域社会に貢献するだけでなく，地域の多様なステークホルダーを

図3-10　海の体験活動（左：カヌー体験，右：イカの解剖）

出典：山形県立加茂水産高等学校

つないでネットワークを構築することで地域全体の子どもの体験や探究の学びの場を創出してその育成に貢献している。いわゆるボトムアップによる「ネットワーク型の地域貢献」である。全国的に見てもこのような取組をしている水産（実業）高校は稀であり，加茂水産高校の特徴であり強みであるといえる。

第5節　まとめ：地域と学校の相乗効果—地域変革の主体としての高校

　最後に，これまで考察してきた高校の類型ごとの地域との連携の在り方や地域創りに貢献する教育活動を踏まえ，その共通性と類型ごとの特徴や特色について総括する。

(1) 地域創生に貢献する高校の共通の特徴

　まず，類型（1，2，3）を超えた共通性についてであるが，全国の各地において地域創生や地域の活性化に貢献している高校は，地域との連携を基盤にそれぞれの教育活動を展開しているという点は共通している。特に地域の企業や行政機関，産業界，社会教育施設，NPO/NGO，大学など，地域の多様なステークホルダーとの連携を構築し，地域創生への貢献をめざして地域課題を踏まえ地域に根差した学習を展開している学校が多い。また，さまざまな学習テーマ

や活動によって，各地域の小学校や中学校など異校種との縦の連携を構築して，発達段階に応じた取組を行っている学校も存在する。その一方で，それぞれの高校の教育的な使命や地域における役割，あるいは，地域（住民）からの学校への期待などによってその取組にも個性があり，それを実現する地域との連携の目的や方法も異なるいくつかのタイプやアプローチがあるといえる。これらの地域との連携・協働によって，各高校は，カリキュラムを改善したり補強したりして，より探究的で深い学びを実現している。

(2) 類型ごとの特徴（類型 1, 類型 2, 類型 3）

　次に高校の類型ごとに，地域と連携・協働した教育活動の特徴や特色についてまとめる。

① 地域の伝統校として地域内外の人材を中核的に育成する高校の特徴（類型 1）

　このタイプの多くが地域の伝統校，中心校であり，地域における人材育成を中核的に担ってきた高校である。また，地域の進学校の位置づけにあり，大学受験という進学校の役割と地域を担う人材の育成という地域創生に資する役割の両輪を担っている。

　カリキュラム面では，「総合的な探究の時間」や「学校設定科目」の中での「探究的な学習」の推進において，地域の行政機関や商工会議所等の産業界，博物館や図書館等の社会教育施設などの地域の多様なステークホルダーと連携し，ゲストティーチャーを招聘したり，体験・調査学習の支援を得たりして学習者主体の探究学習を志向している。

　また，このタイプの学校では，スーパー・サイエンス・ハイスクール（SSH）やスーパー・グローバル・ハイスクール（SGH）などの文科省の指定を受けたり，ユネスコスクール（ASPnet），国際バカロレアなどの国際的な認定を受けたりして，よりアカデミックな探究学習や STEAM 教育を推進しているところも多くみられる。

② 地域の高校として地域に根差した教育活動を展開する高校（類型 2）

　このタイプは地域（自治体や周辺自治体）唯一の高校であることが多く，地域

との距離が近く，密着度が高い。したがって，地域の特色を色濃く反映した学科や教育課程が編成され，地域に根差した教育活動が展開されている。

　また，都道府県立の高校であっても，地域の市町村立の義務教育の学校（幼稚園，小学校，中学校等）との連携や交流を図っているところも多い。

　近年は，地方の少子高齢化に伴い，学校の統廃合が進んだり，学科を統合した総合学科などを新設したりするところが多くなってきている。したがって，より地域との連携協働を促進し，地域創りに貢献するために，文部科学省のコミュニティ・スクール（CS）の指定を受け，地域メンバーの参画を得て学校運営協議会を組織して，地域ぐるみの学校運営と教育活動を展開している高校もある。

③専門学科を生かして地域の産業や発展に資する人材を育成する高校（類型3）

　商業高校や工業高校，農業高校，水産高校などの専門学科を有する高校であり，それらの実業的な専門性を活かして地域との連携を推進し，地域創生に貢献している。この種の高校の地域連携のカウンターパートとしては，主に地域の商工会議所や農協業同組合，漁業協同組合，工場や水産加工場，商店，ホテルなど，地域の産業界の団体や機関が多い。

　また，これらの高校が持つ専門性を活かし，高校が地域の小中学生を招いて，ヨットスクールやモノづくり体験，農業体験などの「体験活動」を企画・実施して，高校生がインストラクターやファシリテーターを務めて異校種間の交流を深めている高校も多い。

　なかには，加茂水産高校のように文部科学省からスーパー・プロフェッショナル・ハイスクール（SPH）などの指定を受けて，より専門的・実業的な教育実践を展開し，その成果で地域に貢献している高校もある。また，高校がハブ（事務局）となり，地域の自治体や産業界，企業，NPO，大学，教育委員会，小中学校などの多様なステークホルダー（機関）を巻き込み，協議会や研究会を組織して，セクターを超えて地域のネットワークを構築して「地域創生に資する教育活動」を展開している事例もある。

以上のように，地域連携のアプローチや取組は異なる部分もあるが，その取組が地域創りに貢献することを通じて生徒の学びそのものを豊かにし，高校の存在価値を高めるという相乗効果は共通なものであり，それが，高校生が地域創りに参画する意義であるといえる。

【謝辞】
　本稿の執筆にあたり，本章で事例として取り上げた宮城県気仙沼高等学校の鈴木悠生先生，福島県立只見高等学校の岩渕未加子先生，山形県立加茂水産高等学校の佐藤久哉先生，そして3校の校長先生方には，取材への懇切丁寧な対応をいただくとともに，貴重な資料・データの提供もいただくなど多大なるご協力とご支援を賜った。ここに衷心より厚く御礼を申し上げたい。

岡山県立和気閑谷高等学校
─地域を学び地域を育てる閑谷学と地域協働探究

江森　真矢子
一般社団法人まなびと　代表理事

第1節　高校魅力化事業のはじまり

(1) 交通の便のよい中山間地, 和気町

　山陽本線で岡山駅から東へ約30分, 和気駅を降りると正面には町民に親しまれる山, 和気富士が, 手前には元銀行の建物を利用したコミュニティスペース「エンターワケ」が目に入る。かつては賑わっていた商店街の建物のほとんどはシャッターが下りており, 人々は線路の向こうに通った国道沿いの大型スーパーに買い物に行く。

　交通の便の良さから近隣市町のベッドタウンともなっている和気町の, 2024年時点での人口は約13,000人。筆者が移り住んだ2015年には約15,000人だったので, 10年間で約2,000人減ったことになる。この町にある唯一の高校が和気閑谷高等学校だ。同校は閑谷学校の流れを汲む伝統校であり, かつては和気町内そして隣接市町の中学生の多くが目指す高校であったが, 少子化に加え学区改変によって加速した高校の偏差値序列化のあおりなどで, 徐々に定員割れが常態化するようになっていった。交通の便の良さゆえに, 町内の子どもたちが岡山市内の公立進学校あるいは私立学校に進学していくようになったのだ。

　2024年度現在, 和気閑谷高等学校は普通科2学級, キャリア探求科1学級, 定員120人の小規模校である。地域をフィールドとした探究学習の先駆けであり, 岡山県の公立高校で初めて全国募集を開始, 最初にコミュニティ・スクールになり, 全国的にも先進的な取り組みが知られているが, 定員充足に関して

は安泰といえる状態ではない。

(2) 協働のきっかけは町職員が知った島根県の取り組み

同校の魅力化事業が始まったきっかけは，2013年。和気町まち経営課に在籍していた職員が，地域と高校が協働して双方の活性化をはかる島根県津和野町を早朝のテレビ番組で知ったことからだった。通勤する足で高校に向かい校長を訪ねたところ，お互いの危機感と現状認識で意見が合致した。特色ある教育活動によって学力・意欲を伸ばして募集を充足させ，学校の魅力を町の魅力として地域からの子育て世代の流出を防ごう。その後はとんとん拍子で先進地視察や町と高校の合同研修会が開催され，翌2014年4月には高校魅力化担当の地域おこし協力隊員が2人着任した。

最初のミッションは，総合的な学習の時間「閑谷學」を，地域をテーマとした内容に変えていくこと。当時，和気町には小中学校の総合的な学習の時間にふるさと教育を行う正職員がおり，この「ふるさと教員」も週に一度，高校に派遣されることとなった。

(3) あるものを生かした教育活動の充実

年度途中の7月から3月にかけての全12回（各2時間が主），1・2学年混合でスタートした「閑谷學」。初年度は，地域社会をとらえる切り口として自然環境，国際，医療・福祉など10のくくりを用意し，23の講座が開講された。たとえば町内の鯉のぼり製造会社社員とともに新しい鯉のぼりをつくることに挑戦する講座や，町職員とともに水害ハザードマップを制作する講座を開講。この外部講師の発掘やコーディネートに，協力隊員とふるさと教員が活躍した。

同校には，2011年にユネスコスクールに認定され，ESDを推進してきたという下地もあった。源流である閑谷学校でのガイドをはじめとして，学童保育サポートなど，地域での多彩なボランティア活動が認められての認定だ。「閑谷學」では閑谷学校を通して地域の歴史を学び，世界の諸問題について考える学習も展開してきた。さらに，福祉や商業の専門科目では地域での実習を行っ

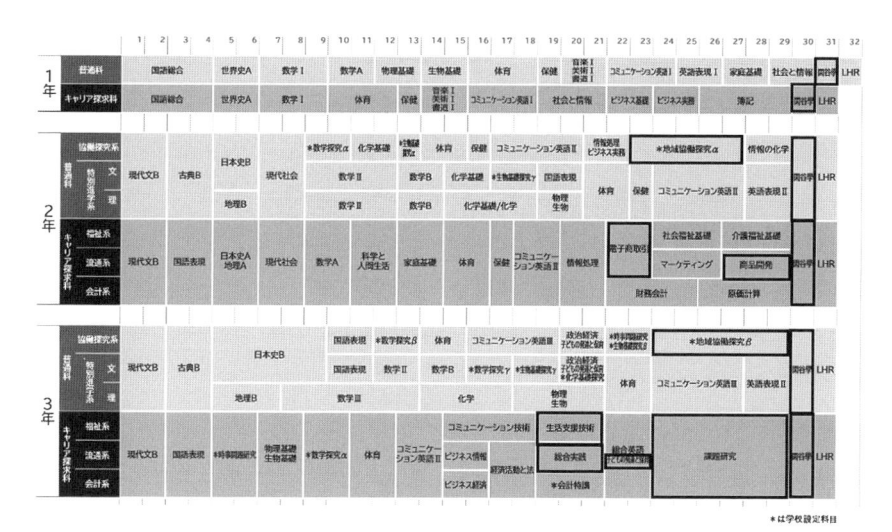

図1　地域との連携・協働による科目（太枠）

てきた教員もいる。

　それまでに培ってきたつながりを生かしながら，生徒自身が地域の課題を発見し，調査や議論をし，課題解決のアイデアをつくることを目指す探究学習が新しい「閑谷學」。学校外も学びの場として各地に足を運び，話を聞いたり，仕事や文化を体験したうえで，自分たちにできることを考える。町役場からはアイデアが実行されることで少しでも地域活性化につなげてほしいとの期待が寄せられた。

　こうして始まった地域との連携・協働による教育活動は現在，閑谷學だけでなく図1のようにさまざまな科目で行われている。週1日，学校ではなく地域の事業所に通って実習する学校設定科目「地域協働探究」など，生徒たちはより広く，深く，地域と関わりながら，地域で学ぶようになった。

第2節　教育活動の実際

(1) 総合的な探究の時間「閑谷學」

　筆者は2015年に地域おこし協力隊として和気閑谷高校に赴任し，学年進行

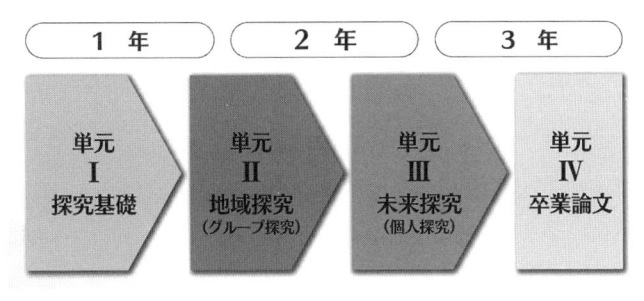

図2　閑谷學の3年間の流れ

で閑谷學の3年間のカリキュラムを構築し，その後もコーディネーターとして学校づくりに関わってきた。現在の閑谷學は，調査や議論など探究の基礎技術を学ぶ単元Ⅰ「探究基礎」から始まり，興味のあるテーマを選んでプロジェクトを実施する単元Ⅱ「地域探究」，作りたい自分や社会の未来をどうしたら実現できるのかを個人で探究する単元Ⅲ「未来探究」とその成果をまとめる単元Ⅳ「卒業論文」という流れだ（図2）。

　アイデアを考えるだけでなく「やってみる」ことは初年度から現在まで継続されている特徴である。初年度「閑谷学校・論語」講座の生徒たちは小学生や市民向けの論語講座を実施。当時は実行にまで移した生徒はごく一部だったが，現在ではほぼ全員がアイデアを地域社会で実践している。

　町の特産品開発補助金に応募し，その資金で町内の化粧品会社とハンドクリー

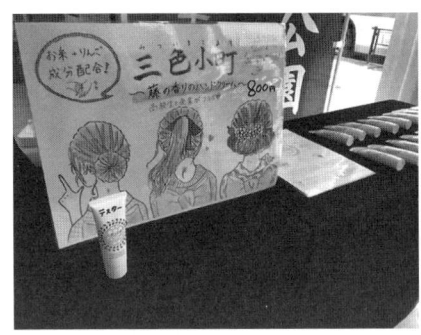

図3　町内企業と開発したハンドクリーム

図4　駅前イベントへの企画参加

ムを開発するといった大掛かりなものから，卓球仲間を増やすために町内の体育館で練習会をするといったものまで規模はさまざま。身近な課題に取り組み，自分が動くことで，小さくても何かが変わる実感を持つことが大切だと考えている。

(2) 学校設定科目「地域協働探究」

　2021年度には普通科で学校設定科目「地域協働探究」がスタートした。2年進級時に普通科「協働探究系」を選択した生徒は，2年間で約20日間，3回に分けて週1度の就業体験を行うことが特徴で，行き先は保育園，工場，病院，役場，美容院，飲食店，史跡など多種多様。朝は学校に立ち寄らず事業所に直行し，学校に戻ってから振り返りを行う。

　科目のコンセプトは「体験を経験に変える力をつける」だ。体験から得たことを言語化し，ほかの場面でも転用できる自分自身の気づき・知識とすることが，どんなことからでも学べる力になる。就業体験に至るまでには，地域の大人を招いての対話や，就業体験に向けた目標設定や名刺づくり，振り返りについて改めて学ぶ時間を設けている。地域で何をやりたいか，何ができるか，何ができるようになりたいかを考えながら準備をするのだ。

　2回目，3回目には異なる事業所で体験をするが，これは多面的，個性的，実践的な職業観を得てもらいたいとの願いからだ。そして最後には「地域恩返しプロジェクト」として，高校時代にお世話になった地域に対して自分たちができることを考え，グループで実践する。たとえば「和気の山魅力発見・発信プロジェクト」では山に登ってレポートをSNSで発信，「高齢者交流プロジェクト」では，受け入れ先事業所のひとつで高齢者と高校生の交流プログラムを実施するといった具合だ。

　なお，専門学科の必修科目，課題研究も現在では同様に丸一日分を充てる時間割を組んでおり，同じように長期の就業体験を含む地域協働探究と同様の内容になっている。つまり，例年15〜25人程度が選択する特別進学系の生徒以外は全員が，長期にわたり地域の方々とともに時間を過ごしながら学んでいるのだ。

普通科 （2学級）	協働探究系
	特別進学系
キャリア探求科 （1学級）	福祉系
	流通系
	会計系

図5　学科と系の構成

普通科　協働探究系　3年　時間割(例)

	月		火		水	木		金	
1	政経	保基	英コⅢ		地域協働探究β	政経	保基	英コⅢ	
2	日探	世探	体育		地域協働探究β	日探	世探	古典探究	
3	英コⅢ		体育		地域協働探究β	英コⅢ		日探	世探
4	表現技術		日探	世探	地域協働探究β	日演	世探	論理国語	
5	論理国語		数学探究β		地域協働探究β	表現技術		数学探究β	
6	時事問題研究		時事問題研究		地域協働探究β	古典探究		閑谷學	
7			LHR						

　　　　　　　　　　　　　　　　　　　　　　　　　　　　　　は探究的科目

図6　普通科　協働探究系3年生の時間割例

キャリア探求科　3年　時間割(例)

	月		火		水	木			金		
1	ディベート	保育基礎	時事問題		課題研究	ディベート	保育基礎		論理国語		
2	論理国語		体育		課題研究	生物基礎			ソフ活	財会	生支技
3	国語表現				課題研究	国語表現			ビジ法		生支技
4	生物基礎		ソフ活	財会	コ技	課題研究	数探α		時事問題		
5	総実	財会	生支技	ビジ法	コ技	課題研究	総実	ビジマネ	コ技	数探α	
6	英コミュⅡ		英コⅡ		課題研究	総実	ビジマネ	コ技	閑谷學		
7			LHR								

　　　　　　　　　　　　　　　　　　　　　　　　　　　　　　は探究的科目

図7　キャリア探求科　3年生の時間割例

第3節　地域との協働は何をもたらしたのか

(1) 生徒の変容

　病院での就業体験に参加した生徒の実習日誌を覗くと「患者さんが喜んでく
れたり，職場の人達から感謝されたり，嬉しいことがいっぱいあることがわか
りました。地味な仕事ほど丁寧にすると喜んでもらえるのがわかったので，もっ
と頑張っていきたいと思いました」という気づきが綴られていた。また，学習
発表会では飲食店で実習した生徒が「海外からの食材を扱った時，その背景や

特徴を教えてもらう中で英語や社会科や学校で学んでいるあらゆることが仕事につながっていることに気づいた」と語ったこともある。

閑谷學の振り返りでは「何をしてもらう，してくれるという考え方がなくなり，自分で動くという考え方に変わった」「物事に興味を持つ量が増えた。"調べ，学び，発信する"という力が前よりはるかに身についたと思う」など，意識・態度の変容やコミュニケーションの力がついたという声が多い。また「自分たちに何ができるのか，どうすればよいのかと自分で考えるようになった」など，主体的に社会にかかわろうとする意欲・態度が育まれている様子もみえる。

生徒には「自分の未来も，社会の将来も，自分たちの手で作る，変える。その力をつけるのが閑谷學」と伝えてきた。高校生に即効性の高い地域活性化活動を期待するのではなく，自分にも何かができるという小さな実感の積み重ねが，回り回って，活力ある社会を生むと信じたい。

(2) 地域の変容

和気町との協業による高校魅力化は地域おこし協力隊の派遣から始まり，その後，町が国の制度や補助金を活用した町営の塾や寮の設置などに広がった。町長選や町議選では高校の存続，魅力化は政策ポイントとして語られ，町の総合計画や教育大綱にも和気閑谷高等学校の名前が記されている。

この10年で，何かわかりやすく劇的な変化が町に起こったわけではないが，町役場に就職した卒業生や，結婚して町で暮らす卒業生と顔を合わせることも多くなった。彼ら彼女らが学校で培った地域とのつながりや，社会や人生をかたち作る力が，これからの和気町にどんな変化をもたらすのか，注視していきたい。

実践事例2

岡山県立矢掛高等学校
—地域活性化の重要な拠点としての高等学校

吉岡 雄志
岡山県立矢掛高等学校 主幹教諭

第1節　矢掛町の人口推移と矢掛高校の入学者の推移比較

　岡山県立矢掛高校は，岡山県下4番目の旧制「岡山県立矢掛中学校」として 1902（明治35）年に開校し，今年で創立123年を迎える歴史ある高校である。 その後，2004（平成16）年に岡山県立矢掛商業高等学校との再編整備によって， 現在の「岡山県立矢掛高等学校」として教育活動を展開している。矢掛高校は 人口12,000人の矢掛町にある1町1校の高等学校として，矢掛町の教育政策 に大きな役割を果たしてきた。近年は，矢掛町の人口減少に合わせるように， 矢掛高校の定員も減少し，入学生の確保にも苦慮している状況となっている。

表1　矢掛町の人口と岡山県立矢掛高等学校の入学生の推移

西暦	2010	2015	2020	2021	2022	2023	2024
矢掛町の人口	15,092	14,922	14,113	13,886	13,570	13,384	13,249
矢掛高校の定員	160	160	120	120	120	120	120
矢掛高校の入学生	160	145	106	119	96	92	115

　岡山県全体としても，中山間地域の高校の再編整備の必要性を感じており， 2019（平成31）年2月に策定された，岡山県立高等学校教育体制整備実施計画 によると，岡山県の高等学校においては，次の基準によって再編整備に計画的・ 段階的に取り組むようになっている。

（基準）
①第1学年の生徒数が100人を下回る状況が，令和5（2023）年度以降2
　年続いた場合には，再編整備の対象とする。
②第1学年の生徒数が80人を下回る状況が，令和5（2023）年度以降2年
　続いた場合には，翌年度の生徒募集を停止する。
この基準の適用に当たっては，通学の利便性や地元自治体からの進学状
況など，地域の状況に配慮する。

さらに，2022（令和4）年12月には，再編整備基準の適用方針を策定し，小
規模校に生徒数確保のための魅力化を促すための猶予期間を設けている。

・同一市町に県立高等学校が1校となっている場合は，令和10年度までは，
　当該校への再編整備基準の適用を保留することとする

　矢掛高校は，3クラス規模の定員120人であり，入学希望者が定員を満たせ
ていないため，この基準を適用すると，再編整備の対象となる可能性のある高
校の一つである。しかし，現在（令和7年）においては，矢掛町唯一の県立高
校であることから，再編整備基準の適用が保留される学校ということになって
いる。学校教育とりわけ地域連携に関わっておられる方々は，身をもって感じ
られていると思うが，地域にとって，「地元に学校が一つも無くなる」という
事態は，地域の子育て層にとって大きなインパクトを与える。全国の高校魅力
化を支援する株式会社 Prima Pinguino は，小学校や高校の有無が人口変動に
大きな影響を与えると分析しており（**表2**参照），「教育の魅力化は教育政策で
ありつつも，同時に移住定住促進の政策でもある」と説いている。
　地域にとって大きなインパクトのある「高校の存続」であるが，地域の住民
からは，ともすれば「高校のやり方が悪い」とか「高校の先生もっとがんばっ
て」という声が聞こえてくることが多いのが現状である。高校が町立ではなく，
県立ということもあり，「手が出せない」と感じる地元の方が多いことや，カ
リキュラムや教育の成果が閉ざされていることも原因の一つであると考えてい

表2　学校の有無が人口増減に与える影響（離島における調査より）

病院・診療所の有無と人口変動

	1991 年人口	2010 年人口	人口増減率	差 (%)
なし	12,865	7,849	-39.0%	-0.2%
1 軒	86,824	53,152	-38.8%	

高校の有無と人口変動

	1991 年人口	2010 年人口	人口増減率	差 (%)
なし	114,029	69,319	-39.2%	-10.9%
1 軒	86,299	61,885	-28.3%	

小学校の有無と人口変動

	1991 年人口	2010 年人口	人口増減率	差 (%)
なし	12,118	6,305	-48.0%	-12.0%
1 軒	130,007	83,168	-36.0%	

平成 25 年度離島振興施策に関する調査業務報告書（国土交通省国土政策局離島振興課）より

出典：株式会社 Prima Pinguino「高校魅力化プロジェクト」(https://miryokuka.com/gyosei/) より

る。そのため，矢掛高校では，転勤によって地域外の高校に勤めてキャリアを
リセットできる教員とは違って，地元の高校を元気にすることで本当の恩恵を
受けるのは誰なのかを積極的に広報することにしている。その成果もあり，地
域の方々が高校の魅力化を「支援・手助けする」という視点ではなく，「地域
の大切な教育資源の魅力化」という視点から考え，教育活動をサポートしてく
れる方々が増えてきている。

第2節　矢掛町の魅力化とやかげ学の流れ

　矢掛高校の教育活動の大きな柱として，2010（平成22）年4月から行っている，
学校設定科目「やかげ学」がある。当時，矢掛高校に勤務していた室貴由輝教
諭（現岡山県教育庁学校教育推進監）が中心となり立ち上げた体験的地域学で，
①矢掛町の施策や文化・産業の特徴を学び，②1年間の継続した体験的学習に
取り組み，③その成果を地域の方や中学生に向けて発表するという流れから構

　成されている。2024年は，花元志織教諭が担当し，次に述べる流れで50名程度の生徒たちが14の実習先にわかれて体験的な学習を重ねている。

　実習は，矢掛町・矢掛町教育委員会・矢掛高校と2009（平成21）年度に結んだ協定によって，矢掛町役場，図書館，矢掛町立小学校，子ども園，保育園，介護老人保健施設，老人福祉センター，体験農園に分かれて行うことが決まっており，毎年実習先の確保に奔走するような状況は回避されている。しかし，実習先の担当者は毎年変わるため，①実習の流れを説明し，理解していただく行程，②やかげ学の目標や目的を共有する行程，③受け入れていただく高校生の特性や目標などを共有し，生徒のどの能力を伸長させるプログラムとするのかを考える行程，④能力の伸長度合いを共有しプログラムを再構成する行程，をしっかりと段階を踏んで行うことが，長期の実習によって生徒自身が能力の伸長を感じるためには不可欠である。コロナ禍によって実習が制限された時期があり，本校の担当者と実習先の担当者とのコミュニケーションの機会が減ったこともあり，近年は実習先から「実習を受け入れる負担感」が大きく感じられ，やかげ学の深化がストップしている状況もあった。その対応策として，昨年度からルーブリック評価表を導入し，生徒と実習先と本校の担当者が成長を可視化でき，行動目標を立てやすくする仕組みを取り入れた。ルーブリック評価表は矢掛高校の総合的な探究の時間「ESDタイム」のアドバイザーとして関わっていただいているNPO法人だっぴの森分志学代表にアドバイスをいただき作成した。評価表の導入は，生徒からも実習先からも一定の評価が得られ，活動の方向性を共有するために役立ったようである。今後，項目を見直しさら

に適正な目標を立てやすくする予定である。現在，多くの学校で地域学が取り入れられ，「地域に出ることで活動を魅力化し，他校との差異化を行う」フェーズから，「地域学によって生徒のどの能力を伸ばし，社会にどのようにつながるかを提案する」フェーズに移行してきているように感じる。その部分でもルーブリック評価表は効果的で，生徒・高校教員・実習担当者の三者で常に見直し・共有していく仕組みづくりが大切である。

第3節　矢掛町の活性化に向けた矢掛高校の変革

　高校生はこれからの社会を支える大切な存在であり，これからの地域を作っていく資本であるという認識のもとに，矢掛高校では「矢掛高校でいいや」と思って入学してきた生徒たちを「矢掛高校でよかった」と感じて卒業していってもらいたいという願いを持って教育活動に当たっている。そのためのさまざまな仕掛けを行っており，その根底には，「ホンモノを感じさせる」というコンセプトがある。

　近年取り組んでいるものの一つとして，2019（令和元）年度からNPO法人だっぴのコーディネートのもと，地域の職業人や大学生と矢掛高校内で放課後にキャリアに関するミーティングを行う「キャリア・ラボ」という企画を行っている。2023（令和5）年度からは，座談会の要素をさらに強めた「きゃりらぼ・カフェ」に進化させ，高校生が自身のキャリアについて自由に質問し考えることのでき

る場となっている。調整と運営は，NPO法人だっぴと，矢掛高校の地域連携の中心となって活動している「高校コーディネーター」の奥村美恵氏が担っている。自由な交流からキャリア教育につながるきっかけを探り出すには，経験と高い専門性が必要であるが，運営側にはそのノウハウが蓄積されており，現在までに，地元企業でのインターンシップや，大学の先生との交流が実現しており，生徒も月1度のカフェを楽しみにしている。高校教員はそのほとんどが教員という職業しか経験しておらず，教科教育の専門家ではあるが，世の中のしくみや厳しさ，本当に大切な生きた知識を教えるには専門性が乏しい場合があると私は考えている。このカフェを通じてホンモノとの交流を持つことで生徒のキャリア意識を高めたいという試みである。

　2つ目の取り組みとして「先進地域視察」がある。従来から，岡山県笠岡市の白石島での1泊2日の「白石島ESDプログラム」やごみゼロ宣言のまち「徳島県上勝町視察」，岡山県真庭市で官民一体となった取り組み「真庭バイオマスツアー」など多くのプランを作成し，アレンジを加えながら取り組んできた。それぞれのプログラムで地元の方との交流や最先端の技術に触れることで，生徒自身が変わり，キャリア意識を高め，進路実現を果たしてきた。コロナ禍の中断を経て，2023年度は「広島市の観光施策を学ぶ」プログラムを実施した。

2023（令和5）年度先進地域視察概要
・ウォンテッドリー株式会社　〔貴船桃佳氏講演〕
・広島県観光連盟　〔チーフプロデューサー　山邊昌太郎氏講演〕
・崇徳高校新聞部　〔講演〕
・広島市内散策

それぞれの分野で活躍されている方々の講演を踏まえて，平和都市広島の平和のみに依存しないこれからの観光や外国からの観光客との交流について考える契機となるものであった。毎年，ゼロから作っていく地域視察であるため，交渉やプラン作成などの負担は大きいが，中山間地域にある小規模な高校の生徒が，全国のホンモノと触れ合うことで確かな成長がみられる貴重な機会となっている。

第4章

地域協働による生徒のエンパワメント
―地域とつながることによる生きる力の獲得

荻原　彰

第1節　はじめに

　「だれ一人とりのこさない」はSDGsの基本理念として近年よく聞くようになってきたが，これは民主主義社会の基本原理でもあり，近代以降，その方向を目指して社会は歩んできたはずである。しかし現実には社会的排除（家庭環境，貧困などによって，社会や地域から排除されている状況）は無視できない規模で存在し，しかもバブル崩壊以降の低賃金・非正規雇用の広がりやワンオペに象徴される労働の過酷化に伴い，むしろ社会的排除は拡大してきている。

　社会的排除の拡大は排除される当時者の不利益の拡大に留まらない影響がある。犯罪の増加なども考えられるが，ここで指摘したいのは地域への影響である。社会的排除はどこでも一様におこるわけではなく，特定の地域に集中する傾向にある。たとえば本章で取り上げる西成高校の位置する大阪市西成区は部落差別，在日韓国・朝鮮人差別，日雇労働者など低所得の不安定な雇用につかざるを得ない人々への差別などさまざまな差別が重層的に存在してきていた地域であるが，社会的排除の拡大は，西成区のような旧来から社会的排除の対象となっていた，あるいはなりやすい人々の多かった地域を直撃する。地域の社会的経済的な状況をますます悪化させ，地域のイメージを下落させ，それがさらに社会的排除を加速させていくという悪循環を生んで地域のますますの貧困化・衰退を招く可能性が高いのである。

　社会的排除を克服し，すべての市民を排除から守り，社会の一員として取り込むこと（社会的包摂）は現代の日本，とりわけ社会的排除の影響を受けやすい

地域にとって喫緊の課題となっている。

　社会的排除は大人だけの問題ではなく，むしろ弱者である子どもにこそより過酷な形で現れる。高校で考えれば，偏差値による輪切りで底辺に位置づけられた高校では，それがいわば濃縮された形で存在している。

　これらの高校においては，保護者の所得は概して低く，ひとり親家庭の比率も高い。保護者が非正規雇用のダブルワークで夜間労働に従事し，夜，子どもだけで過ごす家庭も少なくない。生徒がヤングケアラーであることも多い。このような家庭環境，高校名や地域名による社会からの蔑視，劣等感は生徒から学力だけでなく，自己肯定感や意欲をも奪い，不登校，問題行動が多発している。中退率も高い。結果的に卒業後あるいは中退後に貧困に陥る生徒が多くなっていく。

　「貧困の連鎖」の問題がメディアでも取り上げられるようになってきて久しいが，まさにこれらの高校の生徒たちは「貧困の連鎖」の只中にあり，社会的排除の危機に立っているのである。逆に言えば，「底辺に位置づけられた高校」において生徒を支援する，具体的には社会に出て困らないだけの学力を身につけたり，市民として正当な社会的・経済的権利を主張することができたり，孤立に陥ることなく他者と連帯することができたりする力を身につける，すなわち生徒をエンパワメントすることができるのならば，これらの高校は社会的包摂の拠点となりうるのである。

　以上のような認識は生徒と直接向き合って教育や支援を行う立場にある教師や，スクールカウンセラー，子どもの貧困に関心を寄せる教育社会学などの研究者に共有されてきており，大阪府のエンパワメントスクール（2025年度から西成高等学校と岬高等学校はステップスクールに移行），東京都のチャレンジスクールやエンカレッジスクールといった新しいタイプの学校の出現はそのような認識が教育政策として認知されるようになったことを示しているといえよう。

　大阪府立西成高等学校（以下，西成高校と呼ぶ）は，生徒が高校や西成区に対する差別の不当性と差別の根源となっている貧困を意識化し，正当な権利を主張し，地域の人々や地域の企業とともによりよい社会をつくる主体となること

を目指して教育を行ってきた。社会的包摂を目指した教育実践の先駆けであり，政策的にも注目されてきた高校である。本章はこの西成高校を事例として生徒のエンパワメントについて述べていく。

なお本章は2023年から2024年にかけて行った西成高校の山田勝治校長，笠原英樹教頭（2023年当時），反貧困学習を中心となって実施してきた肥下彰男教諭，インターンシップ等のキャリア教育で西成高校と密接に連携し，ともに西成高校の学校運営協議会委員を務めている高見一夫 A′ ワーク創造館（大阪地域職業訓練センター）館長，堂上勝己梅南鋼材株式会社社長へのインタビューに負うところが大きい。インタビュー対象の方々にチェックしていただいているが，当然ながら文責は筆者にある。

第2節　関係性の織物で生徒を支える─学校改革の原点

「格差の連鎖を断つ」ことを目指して行われている西成高校の実践を記した「反貧困学習　格差の連鎖を断つために」という書籍の表紙には，巨大な波にさらわれて落ちてくる若者を先生（らしき人），ヘルメットや手拭いをかぶったおっちゃん，おばあちゃんたちが「セーフティーネット」と書かれた大きな布で受け止めようとしている姿が描かれている。おそらく教師をはじめとする多様な関係者が連携して生徒を支える西成高校の実践を象徴しているのだろう。

西成高校は西成区に普通科高校の設置を求める地域住民の4万人の署名のもとに1974年に創立された。西成区は大きな寄場（日雇い労働の求職者と求人業者が集まる場所）や被差別部落が存在し，さまざまな差別が集積している地域である。差別を克服する最も大きな動因は教育であり，西成高校はそのような地域住民の希望を担って出発した高校である。しかし，西成高校は高校序列の底辺に組み込まれ，地域の事情もあって社会的排除のいわば最前線に立つ高校になっていった。

学習に全く関心を示さず，遅刻・欠席を繰り返して結局100人近くの生徒が中退していく現状に危機感を抱いた教師たちが数百件もの家庭訪問を行った結

果，見えてきたのは生徒の深刻な家庭状況で
あった。家で保護者に代わってすべての家事を
している生徒，幼い弟・妹の世話をしている生
徒，アルバイトで家計を支えているといった生
徒，要するに貧困（経済的貧困だけでなく頼れる
人がいないといった関係性の貧困や自己肯定感が
持てないといった心理的な貧困も含む）の中で，
学習に心を向ける余裕がない状況に追い込まれ
ているのである。NHKで放送された「逆転人生」
に登場した卒業生は，家から追い出され，エア

西成高校　山田勝治校長

コンの室外機の熱で体を温めてベンチで寝ていたことを回想し，「将来とかは
なかったです」と語っている。ちなみにこの生徒はある日，家に帰ったら家族が
引越していて，帰る場所がなくなってしまったが，教師が奔走して生活保護を
受給することができ，卒業して建築資材を扱う企業に正社員として就職している。

　こういった生徒の状況に対して山田校長は「この時代なのにすごく大変やなっ
ていうのがあって，別に可哀想だからどうとかということではなくて，彼らの
せいじゃないものを，自分のせいじゃないことでいろんなものを諦めなければ
ならない人生っていうのはできるだけ避けれるようにフォローできないかなっ
ていうのは一番思ってるところです」と語っている。西成高校の改革は教師た
ちのこうした，やむにやまれぬ思いのもとに始まった。

　もちろんこのような認識を個人として持っていた教師はいただろうが，学校
として組織的な対応が始まったのは，前（まえ）校長が2006年に赴任し（山田
校長はこの当時教頭），校内の主要な役職（校長，教頭，学年主任，生徒指導主任，
教務主任，進路指導主任，人権教育推進委員会委員長，公選の教員）を網羅した
「西成一歩前へ委員会」を立ち上げて生徒支援の理念を協議し，具体的方策の
立案・実施を行う体制を整えてからである。西成高校の使命は「格差と貧困の
連鎖を断ち切るために，すべての生徒の自立を支援すること」（西成高校，
2009）とされ，以下の4つの力が柱として立てられた。

(1)「描く」　自らの人生に希望を持ち，将来設計する力の育成

(2)「伸ばす」　基礎基本の徹底と潜在能力の伸長

(3)「守る」　ルールやマナーを守り自分の感情をコントロールする力の育成

(4)「繋がる」　人と繋がる協同の営みを通した他者への関心，愛着，信頼感の醸成

　それぞれに対応する教育活動として，「描く」はインターンシップなど仕事につながる教育，「伸ばす」は習熟度別授業など教科学習，「守る」は規則やマナーといった生活指導，「繋がる」は仲間や教師をはじめ多様な人々との関係性をつくっていく活動が想定されている。これらはもちろん独立したものというよりも相互に支え合う力である。たとえばインターンシップは仕事を知るだけではなく，そこでマナーを学んだり，基礎学力の必要性を感じたり，インターンシップ先の人々との出会いにより自己効力感を育むといったさまざまな効果が期待できる活動である。

　「繋がる」の説明の中で「「繋がる力」こそ究極の生きる力である」とされているように，他者と関わる活動を通して他者とのポジティブな関係性を構築すること，関係性から排除された（関係性の貧困）生徒を関係性の織物で支えることがこれら4つの力の根底に存在しているといえるだろう。

　では西成高校はどのように「繋がる」ことに取り組んでいったのだろうか。まず行われたのは，教師が家庭環境を含めて生徒を知ることである。家庭訪問や生徒との対話を通じて生徒を知る，「教職員は生徒の話を徹底して聞き，シグナルを受け止める役割をはたす。そうして，「信頼できる」大人として接する」（山田，2010），徹底的に聞く活動である。遅刻とか学習への無関心といった，学校の中での生徒の行動は問題としてとらえやすい，しかしその背後に多くの場合，虐待とかヤングケアラーとかといった背景が存在することを知れば，教師の生徒観は変わっていく。もちろん遅刻等を許容するわけではないが，自己責任という突き放した見方ではなく，「大変やな」，「自分のせいじゃないことでいろんなものを諦めなければならない人生っていうのはできるだけ避けれるようにフォローできないかな」（山田校長インタビュー）と考えるのである。

　次に学校内で生徒の情報を共有する。校長をはじめ，生徒指導・進路・人権教育といった各分掌の長，学年主任，養護教諭，スクールカウンセラー，スクールソーシャルワーカー等からなる生徒生活支援会議が週１回は開かれ，生徒の情報の共有と方針確定の協議を行う。

　また必要に応じて福祉機関や行政といった校外の専門機関と連携するケース会議を持つ。「反貧困学習」では，軽度の知的障害を持ち，保護者が生活保護費を受給はしているが，計画的に使用できていないため食事がちゃんととれておらず，空腹で学校に来る気になれないでいる生徒に対する取り組み（ケース会議）が紹介されている。この例では，人権文化センター，生徒の出身中学校，西成高校，人権協会，障害者会館，西成区生活保護担当，ハローワークの各機関の合同でこの生徒を対象としたケース会議を行い，生徒の姉とも連携しながら取り組んだ。生徒の昼食を姉のバイト代と教師のカンパから捻出，本人単独での生活保護取得などの対応が行われ，生徒の状況が改善されていった。

　学校は生徒と常に接触しており，家庭訪問なども通じて，生徒の状況を包括的に把握できることが多い。一方，虐待への対応とか生活の支援を行うことができるのは福祉機関・福祉行政である。逆に言えば，学校と福祉・行政が連携しなければその間隙に生徒が落ち込んでしまい，救済ができなくなってしまう。西成高校はその間隙を学校側から打って出ることによって埋めようと取り組んできたのである。

　そして以上のような緊急対応だけでなく。その後の見守り，「「問題」の急性期だけでなくその後も継続的に事象に関わっていく」（山田，2010）ことも行われる。このような，聞く→共有→校外の専門機関との連携→見守り，というサイクルを回すことによって，生活の厳しさから，ともすれば学校からこぼれ落ちていってしまう生徒を支援するのである。このような仕組みを持つことが西成高校の教育の大きな強みとなっている。

　西成高校は校外に打って出るとともに，校内でも「繋げる」ための継続的な学校改革を進めてきた。それは「先生は先生だけじゃない」（西成高校，2018）である。これには学校外の人材を学校に呼び込むこと，たとえば西成の地場産

業である靴づくりを行う靴づくりクラブ（西成高校靴づくり部）を地元の靴専門学校の協力で設置するといったことも含まれるが，ここでは校内に設置されたカフェ「となりカフェ」の活動を挙げておきたい。「となりカフェ」は，校内に生徒の居場所を提供することを目的として設置された日本最初のカフェであり，その後，神奈川県，千葉県などにも広がっていく。このカフェを運営している office ドーナツトーク代表の田中俊英氏は「となりカフェ」の機能は3つあるとしている（小川・田中・石井，2019）。一つは生徒にとって「安心安全の空間」を提供することである。学校でありながら学校ではないサード・プレイス（家でも学校でもない第三の居場所）の提供である。一つは昼食を食べていなかったり，風呂に入っていなさそうな生徒などネグレクトされている兆候のある生徒を発見し，教師と共有することである（生徒生活支援会議にはカフェのスタッフも参加する）。また「文化の提供」も行われている。カフェに地域の大人を招いて一緒にマカロンを作ったり，ちょっとしゃれたコーヒーを飲むなど普段の生徒の生活文化の中にない要素を体験してもらうということである。2018 年からは「モーニングとなりカフェ」も始めている。ではなぜこのようなカフェが高校内に設置されたのだろうか。学校側からの要請は生徒を支える居場所を提供してほしいということだったという。サード・プレイスとは言ってみればしんどいときの避難所である。西成高校の教師は懸命に生徒を支えてはいるが，教育者である以上，指導する―指導されるという関係性は存在する。この関係性にはどうしても評価のまなざしが伴う。教育者としてのまなざしを持たない（持たなくてよい）大人がフラットな関係で寄り添ってくれる場所があることは別の意味で生徒を支えることになるのであろう。

　学習指導は 4 つの柱の中では「伸ばす」ことにあたるが教師と生徒の関係性の改善に深くかかわるので，学習指導についても触れておきたい。

　西成高校は「もう一回やり直したらええやんというところで勉強する」（笠原教頭インタビュー）学校である。入学してくる生徒の多くは，中学校までの教育課程のどこかでつまずいている。授業がわからない，勉強ができないというレッテルを自分自身に貼った状態で高校に入学している。これが自己肯定感を

下げ，高校への不適応を起こす主要な原因の一つになっている。この現状を変えるためには勉強が「わかる」ことを経験し，学びによる自己肯定感の回復が必要となる。

　そのため，西成高校では（これはエンパワメントスクールに共通した特徴であるが）小中学校で行った内容の学び直しを重視している（大阪府教育委員会，2023）。習熟度別授業を実施し，1年次の英数国については，「基礎英語」「基礎数学」「基礎国語」という学校設定科目で基礎を学び，集中力が持続できるよう一授業時間を30分として毎日行うことにより，基礎の定着を図っている。

　山田校長は，西成高校に来て自分は成長していると感じる生徒が8割を超えることのベースは「授業がわかる」ことであるとし，「なんで授業がわかりやすいか，復習やってるからですよ。とことん，わかるところからやる，わかるをいっぱい積み重ねる」と語っている。徹底的な学び直しを行うことが，いわば学校のアイデンティティの一部となっているのである。その結果，「授業はわかりやすい」と考える生徒が90.2％，「教え方に工夫している先生が多い」と考える生徒が89.7％（いずれも西成高校の「令和3年度学校経営計画及び学校評価」より）に達している。

　ただし，このような成果は必ずしも学力向上というような観点から行われているわけではないことに注意する必要がある。山田校長は「毎時間先生が入れ替わり立ち替わり専門の先生が来てこの授業は大事やからとみんな言うわけやんか。ほんまにどれが大事やねんって生徒わかれへん。全部大事や言われて全部100点取れ言われて苦しいに決まってるやん。勉強嫌いになるに（決まってる）。勉強嫌いでええねんでって言ったったらいい。」，「100点なんか目指さなくてええよ。苦手な子おんねんから，でけへんかっても，やろうとしている姿が100点やったらええねん」と教師に助言しているという。校長としてはやや思い切った発言に聞こえるが，あえて逆説的な物言いをすることによって，学力という目に見える成果にこだわることによって，むしろ生徒が見えなくなってしまう状況から教師を解放することを意図しているのであろう。自己肯定感，やればできるという感覚，自分の可能性を伸ばしてくれる他者がいてくれると

いう感覚は人間の幸せにとってきわめて大事な要素である。学力そのものというより、西成高校に進学してきた生徒が持つことを阻まれてきたこのような感覚を経験することがより重視されているのである。2022年からの定期考査の廃止と自己評価を重視した観点別評価への移行もこの文脈に位置づけることができるだろう。

　話は飛ぶが、このような姿勢、つまり学力（それは試験とか学力調査の点数という結果で表現される）ではなく、学びに向かう姿勢や学びから得られる充足感を重視する姿勢は日本の教育政策を考えるうえでも示唆的である。アメリカ、イギリスの新自由主義教育改革に影響を受けて日本でも学力調査やPISAの点数を成果指標として重視する傾向、端的にいえば学力調査やPISAの点数を上げる教育がすなわち優れた教育であるとする言説が広まっている。他国や他の自治体との点数比較に一喜一憂し、点数が低かったり、点数が低下することを政治が問題視し、てこ入れを指示する。逆の場合は「教育改革」の成果だとして政治家や政党への支持を調達しようとする。このような教育が徹底されていけば、アメリカの貧困者集中地域、有色人種集中地域、つまり社会の矛盾が集中している地域で典型的に見られているように、学力調査の対象とならない教科（芸術とか体育とか）の授業は極度に切り詰められ、自然観察など学力調査の得点につながりにくい経験は学校から抹消されていくだろう。高校の場合でいえば、低学力の生徒が中退していくことはむしろ歓迎されるということすら考えられる。たとえ学力調査の得点が上がったとしても、それは文科省が近年強調している児童生徒の「Well-being」にはつながらない。「Well-being」につながるのは点数ではなく「学びに向かう姿勢や学びから得られる充足感」ではないだろうか。

　話がだいぶそれてしまった。西成高校に話を戻そう。

　以上のような生活支援と学習指導改革、さらに次節以降で述べる反貧困学習やキャリア教育を組織的・体系的に行うことによって西成高校は劇的に変容した。かつて2割ほどであった中退率が5%程度（2021年度は4%）に激減し、西成高校に来てよかったと感じている生徒が94%、高校に入学して、自分は成

長したと実感している生徒が83％，子どもが西成高校に入学してよかったと思う保護者が91％，子どもたちは学校に楽しく通っていると感じる保護者が84％（いずれも西成高校の「令和3年度学校経営計画及び学校評価」より）に達している。控えめに言っても西成高校の学校改革は大きな成功をおさめてきたといえるだろう。次節ではその成功の大きな要因となった反貧困学習について述べていく。

第3節　社会変革の主体となる―民主主義の再構築

　西成高校のカリキュラムを特徴づけるのは何といっても反貧困学習であろう。この反貧困学習を中心になって推進してきたのは肥下彰男教諭である。肥下教諭は理系学部出身の数学の教師であるが，学生時代にバングラデシュで成人識字教育を行う NGO にかかわり，その教育のベースとなるパウロ・フレイレの意識化の概念が「ずっと自分の頭の中に残っていた」という。フレイレはブラジルで貧しい農村の文字を知らない人々に，自らの置かれている状況を認識し（意識化）変革していく力としての識字教育を実践し，成功を収めたものの，軍事政権から危険人物視され国外追放になった教育者である（ブラジルの民主化後帰国）。フレイレの『被抑圧者の教育学』では，抑圧された人々は「抑圧されているという「現実」に埋没している状況のために，自らが抑圧されているという認識はひどく損なわれている」(p.78) と，被抑圧の状況をうまく認識できないでいるが，「状況を意識によって掌握することで，人間はそれを「自らのもの」とし，つまり状況を歴史的現実に変え，人間の手で変革しうるものにしていく」(p.164) と状況を意識化することで現実を変えていくことができるとしている。

　肥下教諭は西成高校の生徒についてこう語る。「パウロ・フレイレという方が，『被抑圧者の教育学』という本を書かれたんですが，やっぱり西成高校のように，しんどい状況，厳しい生活背景が多い子たちは，フレイレの言葉で言うと，被抑圧者に当たるんですよね。その当事者たちが自分の置かれている状況を，ど

う社会的な文脈で把握して，そして，どういうふうにこの社会の，社会変革の主体になっていくのかというところが，一番自分にとっては大きなテーマだったわけです。だから，まず何から始めたかというと，生徒たちがまさに生活の場面で直面しているような課題について，学習し始めようということで，シングルマザーの問題とか，当初からやっていたんですね，シングルマザーの問題とか，生活保護の問題とかですね，自分たちの生活を振り返って，それを社会状況と合わせて考えていくというようなことをやっていたんです」。西成高校の生徒たちにとってシングルマザー家庭，生活保護家庭は近しい現実である。しかしあまりに近しいものであるがゆえに，その厳しい状況はかえって意識されにくいし，ましてその状況を自分の力で解決していけるとは思えない。フレイレの言葉で言えば「生まれてからずっとそこにある世界にへその緒でつながっているような状態だから，自分たちはその世界の一部であり，その世界を変革するものであるとは感じていない」(p.184) のである。

　したがって，まずは生徒たちが自分たちを取り巻く状況を意識化できるような学習を進めようとするところから反貧困学習は始まった。しかし当初から反貧困という概念があったわけではない。当初は西成学習という名称でシングルマザー，生活保護，労働者の権利，部落差別，釜ヶ崎の寄せ場差別といった題材が扱われていた。それが反貧困学習という大きな傘の下にまとめられるようになったのは，生田武志（西成区釜ヶ崎で日雇い労働をしながら，夜回りでの野宿者への声がけ，生活保護受給のための同行申請等の支援活動を行っている。野宿者ネットワーク代表）から「釜ヶ崎が全国化」しているという現状，つまり非正規雇用の労働者が使い捨てられ，格差が増大するという状況が日本全国に広がっている，その意味で釜ヶ崎が現代の日本の縮図になっていることを聞いたのがきっかけだという。「地域の課題を勉強しているようで，実は日本社会全体の問題を学習しているんだなというようなことに自分たちも気づいていって，当初は西成学習と呼んでいたものを，今までやってきた一連のことを，反貧困学習と呼ぼうというふうになったということなんです」(肥下教諭)。

　では反貧困学習はどのように進められているのだろうか。

　扱われている内容はシングルマザー，ワーキングプア，ネットカフェ難民，ホームレス，西成差別などかなり広い範囲にわたるが，共通する考え方は「銀行貯蓄型の学力ではなく，課題解決型の学力」である。

　具体的な教育内容や方法を紹介する前に，この「銀行貯蓄型の学力ではなく，課題解決型の学力」という考え方について触れておく。

　上にも述べたが，意識化とは「状況を意識によって掌握することで，人間はそれを「自らのもの」とし，つまり状況を歴史的現実に変え，人間の手で変革しうるものにしていく」ものであり，状況に対する気づき（認識）から始まるが，気づきにとどまらない実践への志向性を持っている。「ある現実を知ったとしても，このような批判的介入（つまり行動のこと）につながらないものは，客観的にそこにある現実の変革には至らない，つまりその認識は本当の意味での認識ではなかった」（フレイレ，p.90）からだ。そしてこのような認識は，「知識とは持っている者から持っていない者へと与えられるものである」，「教師はいつも知っていて，生徒は常に何も知らない」（p.133）という前提に立ち，教師から知識を一方的に生徒に伝えていく教育，フレイレの批判した「銀行貯蓄型の教育」では育てることはできない。そのような教育では，たとえ生徒たちの置かれている被抑圧の状況やそれを改革していく必要性を善意の教師が説いたとしても（もちろん行わないよりはずっといいが），状況についての知識の移転が行われるだけで，生徒が自分や仲間の生活を省察したり，ましてや社会を変えようとする実践にはつながらないだろう。場合によっては現状へのあきらめさえ生み出してしまうかもしれない。そうではなくて，課題解決型の教育，具体的には教師は生徒に問題を投げかけ，その問題を考えるために必要な経験や資料を提供し，生徒相互や生徒と地域の人々との対話をファシリテートするが，問題を考え，実践へとつなげていくのは，あくまでも生徒自身という教育に変えていく必要がある。西成高校はそのような教育を目指して実践を積み重ねてきたわけだが，そこには次のような特徴がみられる。

（1）具体例を知り，対話を重ね，共感する

　反貧困学習ではシングルマザーとか西成への差別とかのテーマごとに必ず具体例が提示され，それをもとに対話が重ねられていく構成になっている。

　たとえば「西成差別から野宿問題へ」というテーマで行われる学習では，

① 西成への差別的表現が掲載された雑誌とそれに抗議した中学生，西成高校ということでバイト採用の差別を受けた先輩，差別経験についての区民アンケートについて知り，話し合い，発表する。

② 生徒の意見をもとに，西成区居住の生徒と区外の生徒で意見に差があることを教師から生徒に戻し，寄せ場としての釜ヶ崎，日雇労働者がホームレスになってしまう背景，「西成はこわい」というイメージが広まった釜ヶ崎「暴動」について知り，話し合い，発表する。

③ 日雇い労働だったが，年齢のため働けなくなり，野宿で暮らしている人の生活と，死ぬ前に子どもに会いたいと思うが，もう自分は死んだことになっていて会えないでいるという例を知り，話し合い，発表する。

④ 子ども夜回り（子どもが冬の夜に野宿者を訪問して支援する活動）と野宿者が若者に襲撃された事件を知り，話し合い，発表する。

　以上の活動が1年生で行われ，2年生では釜ヶ崎フィールドワークで寄せ場，無料宿泊所の見学，野宿の当事者の話を聞く活動も行われる。生徒はこの流れを通して当事者の肉声を知り，それについての意見を交流することで，ともすると西成区に住んでいる生徒ですら見た目のイメージで判断しがちな「野宿者」とか「日雇い労働者」が実は懸命に生きている個人であるということを知る。個人の内面を理解することは，同情ではなく共感を生み出す。ある生徒の「西成に生まれ育ってよかった。これまで西成を悪く言われても反論できなかったけど，ここに暮らすおっちゃんたちが日本社会を支えてきたこと，高齢化して働けなくなって野宿せざるを得ない状況になっている現状を説明できるようになった。そんなおっちゃんたちとともに生きている自分がうれしい」という感想（大阪市社会福祉研修・情報センター，2010）はその好例といえよう。

　このような学習は西成高校のテーゼともいうべき「仲間を見下すな」（仲間は

生徒だけではなく地域を含めた自分のまわりの人をさす）にも通じるものである（ちなみにもう一つのテーゼは「自分をあきらめるな」）。ブルーハーツの歌にあるように，弱いものがさらに弱いものをたたく，不利な立場にあるものがもっと不利な立場にあるものを見下してしまうことは実はしばしば起こりうる。それはダメだ！というのがいろいろな場面で何かにつけ強調されている。

　そしてその共感は，この意見でも触れられているように「せざるを得ない状況」への認識につながっていく。個の貧困，地域の貧困の背景となっている社会構造に目が向けられれていくのである。

(2) 貧困をもたらす社会構造に気づく

　社会構造への気づきを促す教材は反貧困学習の随所に見られるが，ここでは「不公平なイス取りゲームから考える」と「社会的排除について考えよう」を見てみよう。

　「不公平なイス取りゲームから考える」ではイス取りゲームが行われるが，有利な処遇を与えられているＡチーム（専用イスがあり，ゲームに２回参加でき，かつゲームに有利な秘密のルールを教えられている）とそのような処遇がないＢチームに分け，イス取りゲームを行う。イス取りゲームなので，イスに座れない人は必ず出てくるし，当然Ｂチームの人は座れないことが多くなる。そしてイスの数はだんだん減っていく。

　イスは安定した仕事を象徴したもので，イスはそもそもゲームに参加する人数より少ないので，イスに座れない人（不安定な仕事に就く人，仕事に就けない人）は必ず出てくる。不利な立場に立たされる人（Ｂチーム，学歴とか障害とか国籍とかが理由で最初から不利な立場にある人）はそのハンディキャップのため，イスには座りにくい。イスが減っていくのは，グローバル化によって国内で正規雇用が減っていく状況を象徴している。

　「社会的排除を考える」では貧困スパイラルが扱われる。祖父母の世代は「貧困」から出発し，「教科書が買えない」，「安定した仕事に就けない」等を経てまた「貧困」という出発点に戻ってくる，親の世代はまたそこから出発し，「勉

強できる環境にない」、「安定した仕事に就けない」等を経て再び「貧困」へと戻る。「君たちの世代」はまたそこから出発する。この貧困スパイラルをどこでどうたちきればよいのか考えるのである。

　これらの教材の狙いは明白であろう。競争に負けたから貧しいのは仕方がない，努力しない人は貧しくて当然というように貧困を個人の資質とか努力の問題に還元するのではなく，貧困をもたらす社会構造に目を向けることを促しているのである。教育は社会に適応した人材を育てるのだという一見もっともな考え方からすると，生徒を競争社会に送り出す以上，競争できる，競争に負けない人間を育てるのが教育の目的とされることに疑問の余地はないように見える。しかし肥下教諭が「社会的に包摂するような方向の意識を生徒たちも含めて持っていかないと，ずっとこれ，循環していくわけですよね。その子たち（社会的排除の対象になりやすい生徒を指す）の何割かがメインストリームの方に行くかもしれないけど，ずっと排除される子どもたちは再生産されていくわけだから，そういう意味では，そういうのはおかしいんだよっていう声を上げていく使命っていうのが，実は我々みたいな学校の中にはあるんじゃないかなっていうふうに思ってるんです」、「社会に適応させていくということは，ある程度は必要だと思いますけど，適応させる社会が間違っていたら，どうすんねんっていう話です」と述べているように，反貧困学習ではむしろ社会の側が変わっていくべき（社会的包摂を目指す社会）であり，そのように社会を変えていく実践ができる生徒を育てることをめざしているのである。では具体的にどのように実践が行われているのだろうか。

（3）権利の認識と行使

　反貧困学習の実践の一つである「こんなときはどうするの？」では，生徒が実際に経験している権利侵害の事例（仕事で火傷しても「気いつけーや」で終わってしまった。1日12時間以上働いて休憩は10分だけだったなど）が示され，アルバイトや非正規雇用であっても，仕事中のけがには労災が適用されること，ミスをした場合であっても会社がミスの弁償という名目で勝手に給料を減らすこ

とはできないこと，労働時間や残業代は労働基準法で規定されていて雇用主が勝手に変更できないこと，労働時間には準備など労働に必要な時間もカウントされることを扱い，労働者が権利を行使するためにその証拠となる給与明細，タイムカードのコピー，メモなどを保存しておくことをすすめている。社会的に保障されている権利を認識し，行使することが目指されている。

「突然解雇されそうになったら」では権利行使の実例として。歯科医院でアルバイトをしていた生徒が突然解雇を言い渡された実際の事例が紹介されている。アルバイトであっても解雇する場合，30日以上前の予告かまたは解雇予告手当の支払い義務がある。この例の生徒は突然の解雇に納得ができず，労働基準監督署に相談して自分の権利について知ることができた。しかしこのことを雇用主に電話で説明しても「話すことは何もない」と切られてしまった。雇用主自身が労働法制を理解していないのである。そこで生徒は内容証明郵便で一週間以内に賃金と解雇予告手当を支払うよう送ったところ，支払いを勝ち取ることができたという。労働法制や労働組合など労働者を守る法や制度は社会に存在している。しかしそれを認識し，行使しなければ活用はできない。反貧困学習では，生徒が労働権を含む社会権を権利として認識し，それを行使できる主体となることをめざしている。これは社会保障制度についても同様である。

権利を行使する経験を持つことは権利の実質化にとどまらない意味を持つだろう。権利要求の行動を行った生徒は他にもいるが，それらの生徒たちはその行動について「納得できなかったことを自分で行動して変えたかった」（大阪市社会福祉研修・情報センター，2010）と言っている。おそらく生徒たちは権利は行使できるし，行使しなければならないと思ったのではないだろうか。納得できないことが社会に存在している場合，利用できる資源（その最たるものが法であり，制度である）を最大限活用してそのことを正していくことを，ある種の義務のように感じて実行したのだと筆者は推測している。さらに言うならば，労働者の権利の行使に直面した雇用主は，以後，労働者の権利行使の可能性を慮りながら労働管理を行わざるを得なくなるだろう。その意味で権利の行使は社会を変えることができる。生徒は社会変革の主体となるのである。

以上に述べてきたのは既存の制度資源の活用だが，憲法で保障された権利をすべての人に補償するためには制度自体の変革も必要となる。反貧困学習ではおおむねどのテーマにも現行制度の不十分さや変革の必要性への視点は含まれているが，制度変革はやはり政治の領域である。そこで各政党のシングルマザー政策を取り上げた実践について見てみたい。

(4) 政治に参加する

　反貧困学習の重要なテーマの一つがシングルマザーである。厚生労働省の調査（2021年度）では母子家庭の平均収入は公的援助も含めて373万円で，これは児童の居る世帯の平均収入の半分以下である。父親からの養育費受給状況は28.1％で3割に満たない。

　西成高校の生徒は当事者であることも多く，シングルマザーの状況に関心が高い。シングルマザーの状況を扱った授業（高1）後のアンケートでは，公的支援の増額を求める声や養育費についてなぜ国が何かしないのかという声が多かった。それを読んだ教師は，「ああ，これだけいろいろ考えてるんや。これほっといたらあかんな。子どもの意見表明権が言われてる中で，これを広く社会にひろめなあかんな」（肥下教諭）と考え，折から行われていた2022年参院選で各政党（自民，立憲，公明，維新，共産，国民，社民，NHK，れいわ）の大阪支部に質問状を出してみないかという提起を授業で行った。それを受け，生徒たちはクラス討論を繰り返して質問状を作成した。質問状作成に際しては，考えを整理するため，児童扶養手当，養育費，女性の賃金，非正規労働者の賃金，奨学金，企業の支援という6つのシングルマザー支援政策の重要度を順位づけして考える活動も行った。

　政党からの回答が戻ってくると，その回答をもとに回答の評価を話し合った後，投票を行い，実際の選挙結果と比べてみる活動が行われた。

　この活動の持つ知的な意味は，シングルマザーの生活状況改善のため多様な政策的アプローチがあり，その選択や組み合わせは政党によって異なることを質問状の作成や政党の政策の評価を通じて知ったことであろう。しかし生徒に

とってより大きな意味があるのは，高校1年生の質問に政党が答えてくること，それをもとに政策評価を行い，模擬投票であるとはいえ，一つの結果を出したことの情意的意味，具体的には声を上げることによって政治は変え得るものだという自己有能感ではないだろうか。それは，自分（たち）は政治に対して単なる客体ではなく，主体として能動的に行動することができるという自覚，民主主義をしくみではなくプロセスとして実感することであり，教室の中から民主主義を再構築することである。

第4節　稼ぐ主体となる―キャリアへの見通し

　笠原教頭は西成高校への転勤時に「この学校のミッションは立派な納税者をそだてることやで」と言われて，それがカルチャーショックだったと述べている。高校教育の成果は大学進学，それも偏差値の高い大学に何人合格させたかで測られる，前任校ではそういう意識だったが，西成高校の教育の成果は大学進学ではなく（進学を否定するわけではない），立派な納税者，つまり経済的に自立した人をどれだけ育てたかだというのである。そのための手立てとして西成高校は「進学中心の「良い学校」ではなく，高卒で就職する生徒に，地に足のついた将来展望をもたせ，マッチした就職を実現させる学校を志向した」（筒井，2020）。就職に軸足を置き，「（保護者から）一回自立して自分の基盤つくり」（笠原教頭）を行うことを進路指導の重点に置いており，10年以上就職率100％（就職希望者全員合格）を維持している。

　そのための工夫は，たとえば資格を目指した科目の充実など教科のカリキュラムにも見られるが，西成高校の特色は就職に向けたロードマップの明確化，A′ワーク創造館との協働，地域の中小企業との協力関係であろう。以下，この3つについて述べる。

(1) ロードマップの明確化

　就職指導の考え方をロードマップという形で，学年間で共有し，積み重ねた

指導を行っている。

　1年で生活の自立をめざしてアルバイト支援を行い，2年では社会的自立を目指してインターンシップを行う。3年は総仕上げであり，職業的自立を目指してキャリア教育コーディネーター（CC）と教員による面談指導を経て志望する職業・会社を決める。

　1年生ではアルバイトを通じて生徒の経験値を上げることを目指す。西成高校に限ったことではないだろうが，高校生はぞうきんの絞り方，電車の乗り換えの仕方，御飯は温めて出すといった生活経験に乏しい。学校の先生，保護者以外の大人に接する機会にも乏しい。アルバイトを通じて，失敗することも通しながら生活経験，大人と接する経験を積むのである。アルバイト支援のもう一つの意味はアルバイトを行うことを通じて自分の適性を知り，職業選択の入り口に立つことである。2年生では必修のインターンシップ（行けない生徒に対しては別メニューも用意されている）を行う。目的は仕事を知り，自己理解を深め，自分の課題を知ることである。3年生の面談は自己理解と職業理解を進め，職業とのマッチングを自分で決め，志望企業・学校を決めることを目的としている。マッチングは志望動機という形で集約され，企業との面接に臨むこととなる。

　なお事業としては終了してしまったが，2020年度から2022年度まで大阪府の助成を得て定着支援（就職した生徒が職場に定着できるよう A′ ワーク創造館の職員が企業を訪問し，面談により支援する事業）も行われた。新卒者の職場への定着率が低いことが問題となるなか，高校と職場を卒業時点で明確に区切らず，両者を結ぶ画期的な試みであっただけに復活・他の高校への拡張も含めた議論が必要と考える。

(2) A′ ワーク創造館との協働

　A′ ワーク創造館は民間の職業訓練機関であり，事業の一部として若者の就労支援を行っている。西成高校には2015年度からCCを派遣し，教師と協働して就職支援を行っている。派遣当初は教師もCCの知見をどう活用していいのかわからず，CCの方も教師との関係性の築き方を迷っていたようである。

そのため，CCが必要とする予備的情報（たとえば保護者との世帯分離を行う場合は寮付きの仕事が望ましい）が伝わらず，生徒が仕事を考える際のふりかえりも不十分なまま，3年生の求人情報公開時（7月）から一次試験（9月）の短期間にCCのもとに多数の生徒が送り込まれてきて，試験に向けた面接指導だけに終わってしまうこともあった。転機になったのはA′ワーク創造館が立ち上げた「高校生の進路保障研究会」である。そこに西成高校と布施北高校が参加し，高校3年間を通した就職指導が必要だという高校とA′ワーク創造館の共通認識が形成された。その認識を具体化したのが上述のロードマップである。

　現在では，各学年の指導（アルバイト支援，インターンシップ，志望先の決定）のすべてにA′ワーク創造館がコーディネーターとしてかかわり，生徒向けガイダンスを行い，担任とともに生徒の指導を行っている。

(3) 地域の中小企業との協力関係

　地域の中小企業と西成高校の協力関係の特徴は，人を育てるパートナーとしての相互の認識が見られることであろう。梅南鋼材社長で西成高校の学校運営協議会会員，大阪中小企業同友会の代表理事も務めた堂上氏によれば，中小企業側の高校への認識は，入社してもすぐやめてしまう新卒者に苛立ち，「もっとましな生徒を送ってくれないのか」という，いわば批判的なものであったが，高校との懇談を通して企業側の認識が変わってきたのだという。貧困，ヤングケアラーなど高校生の置かれている困難な状況に企業側も認識を改め，高校との協力関係を築き，高校生を支援する必要性を認識するようになってきたのである。具体的にはインターンシップなどを通して「働くということはどういうことかを体験して知ってほしい」「たくさんある仕事をわかってほしい」ということであり，高校生の学びに貢献することが企業の一つの使命であるという考え方である。一方，西成高校では，前述のロードマップ作成による高校3年間を通した指導，SCCと教師が連携してインターンシップの志望理由をしっかり生徒に自覚させるなど自己理解と職業理解を促す指導を行って指導体制を充実させていった。両者の方向性が一致し，win-winの関係が成立したとい

える。

　企業が西成高校をはじめ就職者が多い高校との協力に積極的なのはもう一つの意味もある。堂上氏は「地域が疲弊すると，そこに足場を置く企業も疲弊します。そうならないよう地元の子どもを採用し，地域が疲弊しないように努力する責任が私たち中小企業経営者にはあるんです」(清丸，2021)と地域で育てた子どもを地域の企業が採用する循環を作り上げる必要性を説いている。ここでは採用について述べているが，これは採用だけでなくインターンシップなど高校との協力関係全般についていえることであろう。高校教育を支えることは地域を支えることであり，それはひいては企業を支えることでもある。その意味でも高校と企業の協力関係を発展させていく必要が意識されているのである。

第5節　おわりに

　最後に西成高校の実践が示唆する今後の高校教育の課題について紙幅の関係で一つに絞らざるを得ないが，触れておきたい。

　それは学校の持つ福祉的機能の強化の必要性である。西成高校は家庭訪問や学校生活での生徒の状況の観察から，生活上の困難に直面している生徒を見つけ出し，情報を共有し，福祉機関や行政につなげ，時には教師が生徒のアパートの保証人になるなど膨大な労力を払って生徒を救ってきた。これには教師の仕事の無限定な拡大というリスクを伴うが，困難に直面している子どもたちを日々見守って支援できるのは現実には学校しかなく，家庭の多様化が進み，地域社会の子どもを見守ったり教育したりする機能が低下する中で，高校の持つ福祉的機能は拡大せざるを得ないだろう。そうだとすればそれをむしろ肯定的にとらえ，高校を思春期の若者を教育・福祉両面で支えていくプラットフォームとして再構築するという方向性が考えられる。これこそまさに西成高校がこの20年ほどの学校改革の中で進めて来たことである。

　具体的には，スクールカウンセラーやスクールソーシャルワーカーなど福祉的機能を担うことのできる専門家や「となりカフェ」のような地域のNPOを

学校に取り込み，いわゆる「チーム学校」として生徒を支援すること，また企業や福祉施設など地域の知恵や力を取り入れて生徒に充足感，自己肯定感が経験できる機会を与えるということが考えられる。

【謝辞】

　本稿の作成にあたり，山田勝治校長をはじめとする西成高校の先生方，A'ワーク創造館館長の高見一夫様，梅南鋼材株式会社社長の堂上勝己様に取材への協力や助言をいただいた。ここに厚く御礼を申し上げる。

引用・参考文献

大阪市社会福祉研修・情報センター（2010）「「生きる力」を育む学校の福祉教育」https://wel-osaka.com/johoshi/pdf/57.pdf

大阪府教育委員会（2023）「エンパワメントスクールの概要」https://www.pref.osaka.lg.jp/attach/23751/00000000/01_gaiyo.pdf

大阪府立西成高等学校（2009）『反貧困学習—格差の連鎖を断つために』解放出版社

大阪府立西成高等学校（2018）『学びのルールがあたらしくなる』https://www.pref.osaka.lg.jp/attach/23751/00410752/1201nisinari.pdf

大阪府立西成高等学校（2021）「令和3年度 学校経営計画及び学校評価」https://www.osaka-c.ed.jp/nishinari/pdf/data/2021keieikeikaku.pdf

小川杏子・田中俊英・石井正宏（2019）「高校内居場所カフェ実践は学校に何をもたらすか：2つのカフェ運営の事例から」『公教育システム研究』18, 107-125

清丸恵三郎（2021）「高卒人材は金の卵？中小企業の社員の採り方，育て方，鍛え方」https://gentosha-go.com/articles/-/39558?page=2

厚生労働省（2022）「令和3年度 全国ひとり親世帯等調査」https://www.mhlw.go.jp/toukei/list/86-1.html

筒井美紀（2020）「「つながり」を創る学校の機能」『社会政策』12(1), 55-67

フレイレ，P.著，三砂ちづる訳（2011）『被抑圧者の教育学—新訳』亜紀書房

山田勝治（2010）「子どもの貧困と学校の役割—西成高校のミッション」『日本教育社会学会大会発表要旨集録』426-427

（URL 参照日は 2024 年 8 月 26 日現在）

実践事例3

横浜市内 A 高等学校
―学校内外の資源を活用した社会的包摂の実践

小市 聡
元横浜市立高等学校 校長

第1節 現状と背景

横浜市内にある A 高校には，高校入学以前にさまざまかつ複雑な背景を持つ生徒が多く入学してくる。体に障害を抱える生徒，心の障害に苦しむ生徒など障害に関わる課題を持つ生徒，小中学校までのいじめや人間関係などで不登校もしくは不登校気味の生徒，授業についていくのが困難な生徒，学校や先生とのトラブルにより集団または学校に対する不信感を持つ生徒，経済的な事由から生活保護などの支援を受けている家庭の生徒，DV，ネグレクト，ヤングケアラーなど保護者に起因する課題がある生徒，またこれといった原因が見当

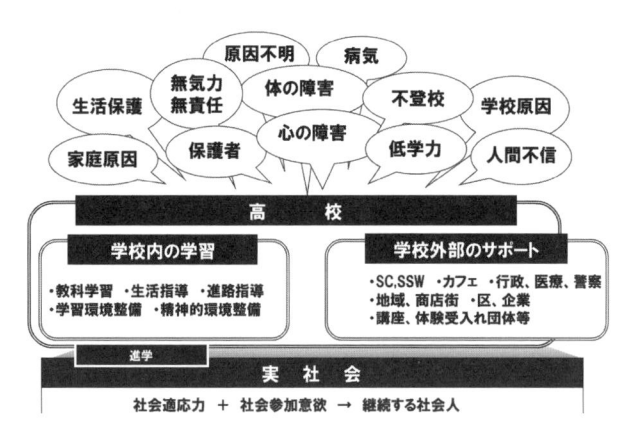

図1 入学者の背景

たらないが，無気力であり，無責任な態度や行動を示す生徒など多岐に渡る。

　これらの複雑な背景を持つ生徒は，原因が一つではなくいくつか複合している。経済的な背景が低学力につながったり，保護者や家族の心の不安定が言葉や肉体的な暴力に及んだりしている。また対応している学校の障害に対する配慮が万全ではなく，生徒や保護者の不信につながり，修復しがたい関係になっているケースもある。これら複合した課題は最近のハラスメントにも結びつけられていく傾向や学校や教育委員会を超えて地元議員や社会に直接訴える傾向もある。また内容はともかくまず教育側が謝罪するという風潮と交錯して表面的な解決はあるものの，実質的な問題解決には至っていないケースも多い。

第2節　対　策

　A 高校ではこのような状況の対応として学校でできることとやるべきこと，外部の力を活用して対応することに分けて考えた。学校でやるべきことの学習指導では授業は平易でわかりやすい言葉の使用，IT を駆使した視覚に訴える授業，生徒の理解に合わせた進め方，少人数に分けた授業等の工夫がなされた。わかることにより学習に対する興味関心を持たせ，達成感を持たせることを意識した。授業に向かう姿勢を作り，家庭でのゲーム中心の生活等，不規則な食事に伴う精神的な不安定を改善させるようにした。

　授業に興味を向けさせると同時に卒業後の社会に向かわせるために社会に興味を持たせるようなイベントを複数作っている。100 社以上の企業，大学，専門学校を校内に集め，さまざまな職業について体験しながら学ぶイベントを年1回前後で開催している。次にインターンシップを体験できる選択授業も作った。さらに探究活動はグループで行い，体験の発表なども互いに補完しながら行う仕組みも取り入れた。生活指導に至っても1クラスの生徒を 25 人程度まで絞り見守っている。さまざまなタイプの教員が見守ることにより教員に苦手意識を持つ生徒に対しても対応ができている。また生徒指導部の教員においては登下校時に玄関に立ち，積極的に話しかけることにより課題を持つ生徒とのコミュ

ニケーションを作っている。進路指導においては一律に大学進学を考えるのではなく，個々の生徒の状況を見極めながら手に職をつける専門学校を勧めたり，企業の状況を把握しながら就職後も社会人生活が継続できるような配慮をしている。その他にもスクールカウンセラーの配置日数をほぼ毎日とし，カウンセラーと教員，保護者とのコミュニケーションも円滑になった。

　しかしこれらの努力で課題がすべて解決するわけではない。内容によっては学校や教員の限度を超えることもある。そのような内容に関しては生徒の出身中学や行政，警察との連携の上にスクールソーシャルワーカー（SSW）の協力を得て学校外の機関とのつながりを積極的に進めている。

　さらに A 高校の特色としては問題が起こる前の予防として，生徒の居場所カフェの存在がある。居場所カフェは青少年の支援を行う公益財団法人が中心となり，精神的な課題解決を支援する団体，外国につながる生徒の課題に対応する団体とともに 2016 年に創設された。

　後に DV の相談を担当する団体が加わり，さらに軽食を提供する食育の支援者が加わり，栄養や健康に課題のある生徒の対応も行った。

　食事の提供の影響は大きく，生徒一人ひとり手渡しにする提供の仕方は提供者と生徒との会話を生み，日ごろの見えにくい課題を露出させる大きなきっかけとなった。のちにこの支援者にこの高校の関係者が加わり，学校外での体験活動の場を提供する NPO 法人に発展した。

　生徒の居場所カフェのスタッフは老若男女が適度な割合で混在している。それによって若い世代の悩みは大学生を中心に，家族や進路の課題は 40 代，50 代を中心に，生き方，人生の問題に関しては 50 代以上のスタッフが自然と中心になって生徒との対応ができている。昭和の大家族的な家族構成を作ることにより，生徒が相談相手を自由に選んでいくことができる体制を整えている。

図2　カフェの様子

図3　軽食　　　　図4　カフェでくつろぐ生徒

　さらにカフェで生徒が現在の状況に至った背景を会話の中で探ると見えてくるのが幼少期の経験の少なさであった。幼少期に家庭の事情などで動物園や遊園地に連れて行ってもらったことや誕生日などの家族イベント，友達との遊びによってさまざまな驚きや感動，興味関心を持つことが少なかった。その結果物事に対する興味関心を持つ能力が低く，人に対しても自ら積極的なコミュニケーションをとらない傾向があると分析した。高校卒業後の市民生活をより積極的に楽しめるようにするためにはこれらの経験をどうリカバリーしていくことが良いのかを考えた。

第3節　発　展

　カフェでは遅まきながら学校外で生徒が興味関心を持ち，自主的意欲的に活動する場として第一次産業体験を実施している。これに食育を加えて健全な心身をもって社会参加する体験活動が始まった。体験は年3，4回，県内外で実施した。

　第一次産業をツールとしているのは生産する作業により自己の存在感を持たせることを起点とし，作業の合理化を図るために課題を見つけ，解決しようとする試みを実践することや解決に至るまでに，他者の力を借りることによりコミュニケーション力を高めて社会適応力を身につけられると考えた。また6次

図5 農業体験（田植え）

図6 漁業体験

図7 実習地の物産販売

図9 学校地域における防災グッズの寄贈

図8 販売利益で制作した防災グッズ

産業として収穫物を加工したり，販売する経験にも繋げやすいことにある。

　体験は県外の実習地域への貢献活動として，実習地の物産販売イベントを行い，学校地域とのコミュニケーションを体験しながら，利益を学校地域に還元する社会貢献体験にも至ることができた。これにより卒業後の社会に適応し，

人生を楽しめることを期待している。

　体験の評価は，①自己理解・自己管理能力，②人間関係形成・社会形成能力③課題対応能力（自校・判断・表現力），④キャリアプランニング能力を自己評価し，複数回の体験参加で自己の成長が見える形の評価表を作った。挨拶の働きかけや話の聞き方，会話の仕方からリーダーとしての振舞など3段階から5段階に難易度をつけて項目を作り，達成感を持たせながら進路動機や面接対応に紐づけた。

第4節　効　果

　カフェは現在8年目に突入している。構成している団体や学校の教職員が異動する中で継続しているのは，運営を担う団体に統率力があるためである。各団体もスタッフの入れ替えはあるが運営方針が全体で統一されているため，その形を踏襲することで継続している。学校側も校長はすでに3人目となっているが，教育委員会も含めて引き継ぎができており，違和感なく継続されている。現場の先生方においても，担当するカフェ委員会たる組織が作られており，複数の教員が担当することからカフェ各団体との関係は良い。カフェ委員の先生などカフェに実際に参加していることも意思の疎通に大いに役立っている。カフェは基本，学校の中にある学校の外の世界として位置づけられることが多いが，この学校の場合は絶えず2，3人の先生がカフェの中にスタッフとして加わり，食事の準備や生徒と雑談をしている。またカフェの場所が全校生徒の通る通路に面しているため，通りがかりの先生も立ち寄り，生徒と会話をしているなどの気安さもある。批判的な意見の先生はいるが，年を重ねるごとにカフェを理解し，活用する先生も多数出てきた。学校の外とはいいながら，学校の内部の一つとして認知されている。最近では入学前後の説明において，カフェの存在も周知していることから，カフェを頼りとして入学してくる生徒もあり，依存度は高まっている。8年目の現在は，卒業生も訪れて自らの課題解決に至った話などをカフェ自体に蓄積している。

次に予算であるが，ボランティア的な活動であっても各団体を支援する人たちの交通費や軽食を提供するための食材費，校外での体験には必要になる。これらの予算は現在，市の福祉関係から助成を受けている。この助成により経済的に余裕のない家庭の生徒であっても，県外での就業体験に参加できている。しかし，このような助成金は継続してもほとんどが3年間までで打ち切

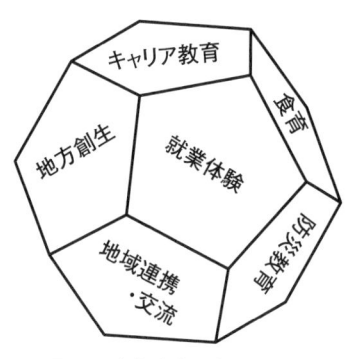

図10　実施内容の多面的表現

られ，継続させるためには以前と違った発展的な内容が求められる。この求められる内容のためにさらに，進化した何かを行うという考え方になりがちでもあるが，基本は現状の活動が継続されることが必要と考えている。新しいことをやっても必ず継続されるということではないことから，新たな資金源を求めながらの経営となる。

　これに関しては一つの内容を多面的に見せる手法を使い，対応していこうと

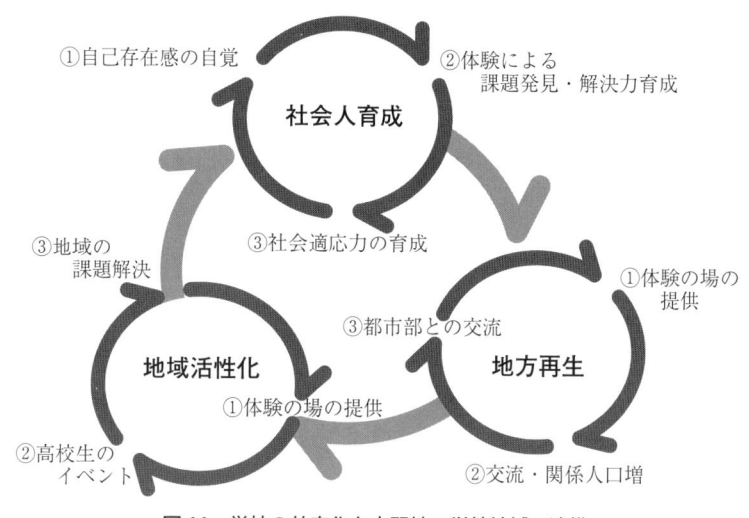

図11　学校の効率化と実習地，学校地域の連携

考えている。現在の第一次体験は，主体とする生徒を支援が必要な高校生ととらえているが，これを地方創生における関係人口としたり，廃棄野菜を都市で活用するSDGsに置き換えることで内容はほとんど変えずに異なる支援を得る可能性が出てくる。このように一つの内容を異なる切り口で正面に提示することで資金を重複もしくは継続させていこうと考えている。

　このような高校おける教員の働き方は，授業時間数の持ち時間は他校と同じでも，個々の生徒に対応せざるを得ない時間はかなりの時間数となる。内容によっては勤務時間を超えて，もしくは土日も関わることもある。働き方改革が叫ばれる中で生徒の課題対応においてカフェの存在は教員の負担を減らすことができる。教員も含めて学校内ではできない体験をプロデュースすることができる。これが実習地域の再生や学校地域との交流につながり，生徒にも学校にもより大きな教育が提供されると考えられる。

第5章

専門性を活かした地域協働
―地域産業の持続と革新を支える高校

小玉　敏也

第1節　専門高校と地域産業をめぐる問題の所在

(1) 専門高校における産業教育の現在

　「専門高校」とは，農業，工業，商業，水産，家庭，看護，情報，福祉等の教育を主とする学科を設置した高等学校のことである。また，「産業教育」とは1951年成立の産業教育振興法を踏まえて「高等学校の生徒に対して，農業，工業，商業，水産業その他の産業に従事するために必要な知識，技能及び態度を習得させる目的を持って行う教育」を意味する。

　2023年度の文部科学省の統計によれば，専門高校では約50万人の生徒が学んでおり，全国高校の生徒数全体の約17％を占めているという。近年では，上記の各種産業を統合した総合学科を設置する高校も増えており，全体の約9％を占めている。専門高校は，各地域で活躍する職業人を育成するとともに，勤労観・職業観の育成や豊かな感性と創造性を養う総合的な人間教育の場としても，その役割を果たしてきた。それは，すでに私達の身近な存在になっているが，専門高校における産業教育はどのように発展し，どのような現在地にあるのだろうか。

　戦後の専門高校（当時は「職業高校」）は，1960年代の日本の経済成長を担う重化学工業を中心とした技術者や労働者，商業経営の事務職員等を養成すべく，当時の経済界からの強い要請によって全国に設立され，1970年代には職業高校の生徒数が高校全体の約40％を占めるほどであった。しかしそれ以降は，職業教育の労働市場の不備や，大学進学熱の高まりを受けた普通科進学の増大

が継続的に進行し，専門高校への進学率は約20％にまで低下した（寺田，2013）。この時期，当時の文部省は，「産業教育の多様化」「職種の専門分化」等の個性化・多様化の施策によって，高度経済成長以後の労働市場に人材を供給する専門高校の再編を行ったが，それが十分に機能しなかったことで教育活動に揺らぎが生じていった。

しかし1990年代に入ると，専門高校から大学や専門学校に進学する生徒が増加し，設置当初の意義が問い直されることとなった。さらに1994年には，普通科・専門学科とは別に，普通科目と職業科目を選択履修できる「総合学科」が新設された。これは，前述した高校教育の個性化・多様化路線の延長線上にあるもので，①将来の職業選択を視野に入れた自己の進路への自覚を深める学習を重視する，②生徒の個性を活かした主体的な学習を通じて，学ぶことの楽しさや成就感を体験させる学習を可能にする，といった特色を持っており（文部省，1993），生徒による自由な科目選択や単位制を原則とする普通科目と職業科目の両方を課す学校として登場した。

したがって，専門高校における産業教育は，この総合学科で展開されてきた教育活動も視野に入れつつ，その在り方を議論しなければならない。

(2) 地域産業振興における専門高校の役割

専門高校は，困難な課題を抱えながらも，各種職業に関する知識や技能を身につけて，地域社会の中堅技術者や事務従事者等の育成を行い，日本の経済発展の基盤となる人材を輩出し続けてきた。1998年に出された理科教育及び産業教育審議会による『今後の専門高校における教育の在り方等について』では，2つの観点から文部科学省への答申を出していた。その一つは，産業構造・就業構造の変化，科学技術の高度化，情報化，国際化，少子高齢化等の急速な進行の中で専門高校の役割をとらえ直すこと，もう一つが，生徒一人一人の多様な個性を生かし，「ゆとり」の中で自ら学び，自ら考え，自ら判断する「生きる力」を育成していくことであった。加えて，この答申では「地域や産業界と連携した教育の在り方」という，本章の主題につながる指摘もしていた。

以下，その骨子を抜粋する。

専門高校には，地域の伝統工芸や地場産業をはじめ，各分野にわたる地域産業振興の期待を担って設立されたものも少なくない。現在でも，専門高校を卒業後就職した者のうち8割以上が県内に就職しているなど，専門高校においては一般的に地域の様々な期待やニーズにこたえながら教育活動が行われている。近年，<u>各地域においては，経済の多様かつ構造的な変化や地域密着志向の高まりといった人の価値観の変化に伴い，地域の活性化に向けた新たな取組，人材確保等の必要性が増しており，専門高校にはこれまで以上に地域社会を担う人材を育成し，地域との結び付きを強めていくことが求められている。</u>

また，現在，専門高校に対しては，産業社会の進展に対応した最新の知識や技術を身に付け，我が国の産業社会を支える人材を育成することに関し，各界から大きな期待が寄せられている。こうした期待にこたえるため，既に述べたとおり専門高校における<u>教育内容は不断に見直されているが，産業界等における知識や技術の進歩の速度は速く，このような変化に十分に対応するためには，教員が学校の施設・設備によって指導することに加え，産業界等の協力を得ることが不可欠である。</u>（下線部：筆者）

　この指摘から約20年後に，高等学校学習指導要領（2018年告示）では，学校と社会とが理念を共有し地域社会との連携・協働を図る「社会に開かれた教育課程」を推進することが表明された。また，「令和型の日本型学校教育の構築を目指して（答申）」（文部科学省，2021a）では，「専門学科改革」（産業界と一体となって地域産業界を支える革新的職業人材の育成）と題する報告がなされ，技術革新・産業構造の変化，グローバル化等，社会の急激な変化に伴い，修得が期待される資質・能力が変化していることから，「地域の持続的な成長を支える最先端の職業人育成を担っていくには，<u>加速度的な変化の最前線にある地域の産業界で直接的に学ぶことができるよう，産業界と高等学校と一体となった，社会に開かれた教育課程の推進が重要である</u>」（p.58）との指摘がなされた。そのために，「各高等学校が掲げるスクール・ミッションや各学校の実情等に基づき，

特色・魅力ある教育活動を展開するための方策として，地域社会や高等教育機関，企業等の関係機関と連携・協働すること」が求められ，「一つの学校で全てを完結させるという「自前主義」から脱却し，学校内外の教育資源を最大限活用して，関係機関にも開かれた教育活動が行われる必要がある」(p.59)（下線部筆者）という指摘もなされた。

　1998年答申から2021年答申までの約20年の間に，専門高校と地域産業界の関係性をめぐって何が変化したのであろう。それは，前者の答申があくまで専門高校の教育活動を中心に置き，その充実を図るために地域産業界の「協力を得る」というスタンスであったのに対して，後者の答申が専門高校の教育課程を開いて地域の産業界で直接的に学べるような「一体化」を志向している点にある。さらに，1950年代の産業教育振興法が施行された時代からの変化を考えれば，当初の専門高校が国の主要産業を支える人材育成にあったのに対して，近年の答申では地域産業をグローバル経済の最前線に位置づけ，地域経済の持続可能性と地域活性化を同時に担える人材育成に重心が移行したとも言える。それを実現するために，地域産業界には「地元企業の施設の活用等の工夫による最先端の施設・設備に触れる機会」(文部科学省，2021b，p.6)を創出するように求め，さらなる「一体化」の基盤づくりを推奨したのである。

　現在の専門高校と地域産業界との連携・協働の在り方，あるいは産業教育の現在を考える時，次節で紹介する長野県飯田市での取組は，参照すべき貴重な事例となるだろう。

第2節　長野県飯田市の「地域人教育」の挑戦

　飯田市は，長野県南部に位置し，東に南アルプス，西に中央アルプスがそびえ，南北に天竜川が貫く自然豊かな人口約10万人の都市である。主要な産業は，先端技術を導入した精密機械，電子，光学のハイテク産業をはじめ，りんごや市田柿等の果物を中心とした農業が盛んに行われている。同市は，2007年に環境文化都市宣言を行い，市民・事業者・行政などの多様な主体が連携する

「持続可能性」「循環」「環境優先」を基本にした先進的な取組を続けてきた。また，県南部を圏域とした中心市として周辺市町村と「定住自立圏形成協定」を締結し，地域医療の充実や産業の振興，公共交通システムの整備など，相互に連携・協力を図ってきた。近年では，リニア中央新幹線の長野県駅（仮称）の新設によって地域経済の活性化が期待され，大きく変貌しようとする地域でもある。

　飯田市にある高等学校は，普通科高校3校（公立2校・私立1校）と専門高校2校（工業科・商業科1校・農業科1校）の計5校である。同市では，2010年代初期から「地域人教育」と呼ばれる施策を策定し，まずは飯田OIDE長姫高等学校（以下「長姫高校」）と協働して推進することとなった。同校は，機械工学科，電子機械工学科，電気電子工学科，社会基盤工学科，建築学科，商業科，定時制（普通科・基礎工学科）からなる総合高校である。

(1)「地域人教育」の特質

　2012年に飯田市は，長姫高校と松本大学とのパートナーシップ協定を結び，地域人教育の取組を開始した。「地域人」とは，「地域を愛し理解して地域に貢献する人材」と定義され，高校生が地域理解を深め，地域での生き方を考え，郷土愛を育むことを通じて，地域を担う人材を育成することを目的とした教育プログラムのことである（長野県飯田市，2019）。本取組の開始時は，同校商業科の生徒が中心となって，地域の企業や住民と協働しながら，以下のプロセスを踏まえて探究的，体験的，実践的な学びを推進していった。

①地域の実態をフィールドワークや文献調査によって把握し，グループで議論を重ねる中で課題を抽出し，その解決に向けて幾つかの仮説を立てる。

②その仮説を検証するために，地域住民の協力を得ながら実践の取組を進める。

③結果を客観的に分析したうえで，その成果を地域住民に発表する。（生徒が考えた取組が，住民に理解を得られなかったり，検証できない仮説であったとしても，それを成果の一つとして発表する。）

　これらの取組によって，生徒の「地域に巻き込まれる力」を引き出し，課題抽出力，発想力，探究力，企画力，構想力，プレゼンテーションといった個人

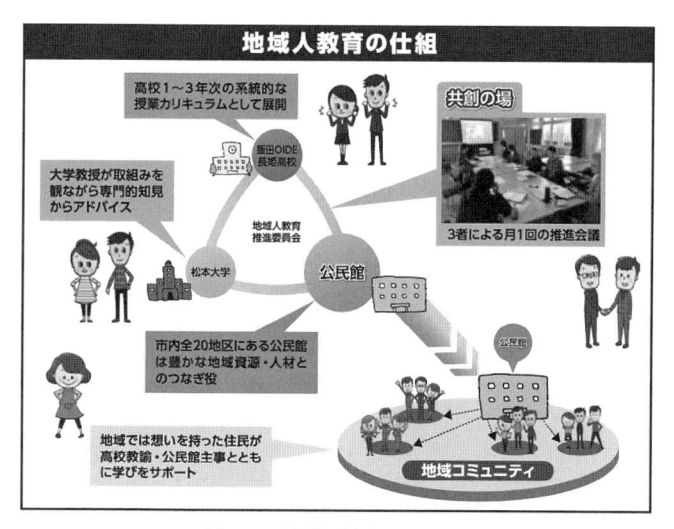

図 5-1　地域人教育の仕組み

出典：「広報いいだ」2019. 2. 1（No.1093）より

的な能力だけでなく，生徒同士が協力して物事を組み立て，地域住民を説得して協力を得るような人間関係を構築する能力が形成されていくという（同上）。

　当時の飯田市は，月に1回の割合で地域人教育推進委員会を開催し，高校，大学，公民館の三者による協議を行ってきた。この委員会の特徴の一つは，公民館が活動のコーディネートを行っている点である。飯田市の公民館は，市内全20地区に設置され，地域の課題や資源，人材に至るまで詳細に把握しており，この取組の中で重要な役割を担っていた。各公民館には，市役所の若手職員が公民館主事として常駐しており，日常的に地域に根ざした活動に取り組んでいた。その主事が同校と地域の仲介役を担うことで，地域人教育の仕組みが成立していたのである（図5-1）。

(2)「地域人教育」の背景

　そもそも，なぜ飯田市で地域人教育に取り組む必要があったのだろうか。

　それは，牧野光朗前市長（在任期間：2004～2020年）による南信州圏域の地域経済活性化戦略と密接に関連していた。2000年代初期から同市では，全国

の地方自治体に共通する人口減少と少子高齢化，人材の大都市圏流出による地域産業の衰退等の問題から脱却するために，「新産業の創出や地域産業の発展，企業・産業の連携促進から，それらを支える人材の育成・誘致，人的ネットワークの構築」（牧野，2016，p.118）を目的とした地域経済活性化プログラムを作成していた。そのプログラムにおいて鍵を握るのが，「地育力」（飯田の資源を活用して，地域の価値と独自性に自信と誇りを持つ人を育む力）の育成にあり，それは，①体験（自然体験・生活体験・交流体験を通じて「生きる力」や「社会力」を高める），②キャリア教育（職業体験を通じて，自らの生き方を考え，将来の夢を実現するための力をつける），③人材育成ネットワーク（地域の力を高めるための人材育成ネットワークをつくる）という3つの柱から推進していくことになっていた（牧野，2008，p.10）。

　このプログラム推進のもう一つの鍵は，飯田市民の強い自治意識に根ざした公民館活動にある。もとより公民館制度とは，戦後の社会教育において発展してきたものであり，生活文化，健康・福祉，教養・情操等に係る学習を，住民自身が企画・運営し，相互に学ぶ場として機能してきた歴史がある。しかし，多くの公民館が，青年団や婦人会等の各種組織の衰退や自治体の財政難，施設の統廃合等の理由により全国的に数を減らしていったのに対して，飯田市の公民館はそれらの課題を乗り越えつつ独自の進化を遂げていった。その理念は，1973年の「公民館運営の4原則」（①地域中心の原則，②並立配置の原則，③住民参画の原則，④機関自立の原則）にまとめられ（長野県飯田市役所HP），現在でも堅持されている。

　図5-1の中心に位置する公民館は，大学，高校，地域コミュニティの活動をつなぎ，調整し，促進する機能を発揮できる体制になっていた。近年の学校と地域の連携・協働の取組では，多様なセクターをつなぐコーディネーターの役割が議論されるが，飯田市の場合はそのポストを新設するまでもなく，すでに公民館職員がその役割を果たしてきたのである。

　長姫高校の地域人教育の取組は，このような条件の中で展開されてきた。

第3節　「地域協創スペシャリスト」育成プログラム

(1) 飯田 OIDE 長姫高校における地域人教育の枠組み

　長姫高校が進める地域人教育とは,「高校生が地域理解を深め, 地域での生き方を考え, 郷土愛を育み, 地域活性化や地域社会に貢献できる人財を育成する教育プログラム」(長野県飯田 OIDE 長姫高等学校商業科, 2022, p.8) のことである。本節では, 文部科学省「地域との協働による高等学校教育改革推進事業 (プロフェッショナル型)」に選定された2021 (令和3) 年度の活動概要を中心に報告する。

　まず同校は,「育てる人財像」を「地域の産業, 暮らしの中核を担うリーダー」と設定し, それを「地域のヒト・モノ・企業をつなぎ, 仕事を創る<u>職業人</u>」「地域資源を生かした新ビジネスの<u>起業家</u>」「地域活動に参加し暮らしと文化・伝統を支える<u>社会人</u>」「住民・企業と協働して課題に取り組む<u>行政リーダー</u>」(下線筆者) と, 4種に具体化していた。

　このような人財を育成するために, 表 5-1 の「地域協創スペシャリスト」育成プログラム (以下「地域協創プログラム」) を編成し実践していった。その目標は,「総合技術高校の強みを生かして, 工業科と商業科について専門性を追究すると

表 5-1　「地域協創スペシャリスト」育成プログラム

年次	目標	地域人教育の内容		段階
1年	基礎 地域を知る	【講義】地域探究入門 ・大学の教員による地域を知るための講義を受ける。 ・探究学習で必要になる問題の気づきや解決の手法について学ぶ。		学びの積み上げ
		【実践】フィールドスタディ ・松本市と飯田市の中心市街地で, 街の人から地域の魅力や課題を教えてもらい, 生徒自身でも発見する ・共通教科内「協創教育基礎」(3~7時間)		
2年	応用 地域に参加する	【講義】地域探究基礎 ・地域の見方・考え方に関する講義を受ける。 ・調査のための技法, チラシやポスターの制作, プレゼンテーションの技法について学ぶ。		学びの積み上げ
		【実践】地域イベント参加 ・運営者としての地域イベントへの参加, インターンシップ等での交流から, 世代を超えたコミュニケーション力を磨く。 ・工業系必修科目「地域ビジネスと環境」(2単位) ・商業系必修科目「環境と金融」(2単位)		
3年	実践 地域の課題解決に向け行動する	【実践】企画・実践・振り返り ・地域の協力のもと, 発見した課題の解決に向けた企画を実践する。 ・生徒の成長や地域の変化等について, 地域の人と一緒に振り返る。		地域人教育成果発表会
		【発表会・報告集】地域への感謝 ・生徒の活動の集大成として, 発表会の実施と報告集を制作し, 地域の人に対する感謝の思いを伝える。 ・活動の成果と課題を振り返る。 ・商工系共通選択科目「地域活性プロジェクト」(2単位), 学科連携型「課題研究」(2単位) ・各地区 (橋北・橋南・東野・松尾・竜丘・鼎・上村) での実践		

ともに，学科間連携を通して「環境保全」,「ビジネス」,「地域資源」の有効利用の面から，多角的で実践的・探究的な考え方と行動ができ，かつ地域の産官学や異業種とも連携し，新たな付加価値・産業の創発（オープン・イノベーション）ができる」ことを目指すものであった（長野県飯田 OIDE 長姫高等学校, 2022, p.2）。

このプログラムは，同校の学校設定科目「総合技術」という学科横断型授業の中で行われており，生徒には，①探究型プロフェッショナルとしての「高度な専門性」,②未来の地域人教育の実践を通した主体的な「課題解決力」,③地域産官学や異業種と協働して新しい付加価値を創り出す「協創力」,という3つの能力を身につけさせることを目指していた。これらの活動を推進するための体制は，商業系の「地域人教育推進委員会」を松本大学と飯田市，飯田信用金庫が担当し，建設系の「夢まちづくり委員会」を長野県建設業会飯田支部等が担当し，さらに機械電子電気系の「未来ものづくり委員会」を飯田精密機械工業会と飯田電子工業会，飯田商工会が担当していた。そして，これら3つの委員会は「学校地域協働推進委員会」（図 5-2）として統括されていた。

次項では，表 5-1 をもとに具体的な授業例を紹介する。

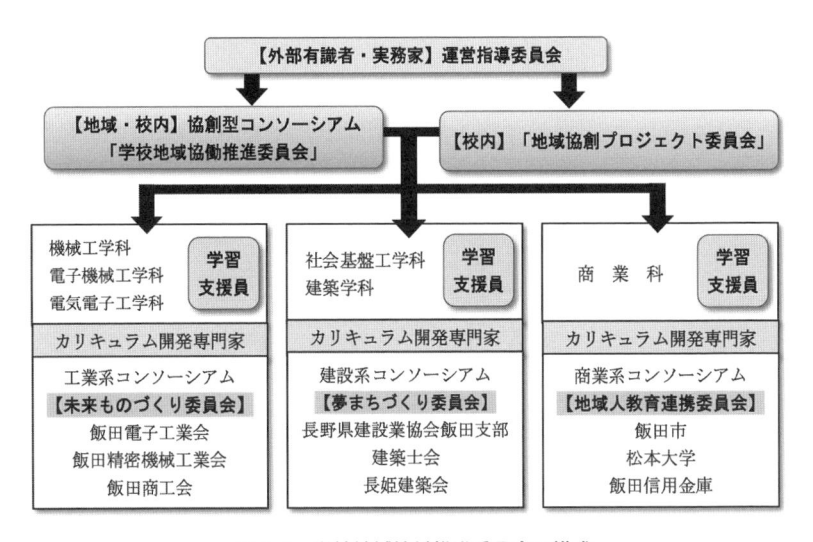

図 5-2　学校地域協働推進委員会の構成

出典：長野県飯田 OIDE 長姫高校, 2021

(2) 地域協創スペシャリスト育成プログラムの授業例

　1年生の『協創教育基礎』は，各学科共通の7教科（国語総合，現代社会，数学Ⅰ，科学と人間生活，保健，音楽Ⅰ，美術Ⅰ，書道Ⅰ，コミュニケーション英語）で行われた。教科ごとにかける時間数は異なるが，担当教員がプログラムの目標を踏まえて工夫を凝らした授業を行った。たとえば国語総合では，成長期の東京を描いた『ナイン』という作品を題材に，リニア開通後の人の絆，まちづくりについて考える学習（7時間）を行った。数学Ⅰでは，RESAS（地域経済分析システム）を紹介し飯田市の統計データから地域を考える学習（3時間）を，さらに美術Ⅰでは地域の特徴や誇れるもの（文化・芸術・自然・歴史等）をロゴマークとしてデザインする学習（3時間）を行った。

　2年生の『地域ビジネスと環境』では，その2つの要素を地域と関連づけながら学び，3年次の『課題研究』と『地域活性プロジェクト』の探究的な学習に繋げるように行われていた。商業科教員が担当する地域ビジネス分野の授業では，①AI概論，②統計学基礎，③社会調査法，④経営学基礎，⑤発表技法を1単位35時間で実施した。また工業科教員が担当する環境分野では，①SDGs，②地球の課題，③環境問題，④企業の社会的責任，⑤働き方改革と環境改善を，やはり1単位35時間で実施した。これも，各担当教員が工夫を凝らし，たとえば「AI概論」では「暮らしと機械化」という題材で生徒間のワークショップが展開されたり，「SDGsの授業」では，生徒が17目標に関連づけて地域に潜在する諸課題（貧困と過疎，生活の質，災害廃棄物と放射性物質，将来世代への責任等）と結びつけた学習が行われた。

　3年生の学科連携型の『課題研究』では，「防災ベンチの製作」というテーマを掲げ，将来の災害に備え，ものづくりの知識や技術を生かして，地元企業の協力のもとで地域社会に役立つベンチの設置を目指す授業が行われた。たとえば機械工学科と社会基盤工学科の生徒は，ベンチの設計と足場の組み立て，電気電子工学科は太陽光発電の実験と配線方法の検討を行い，3学科で杏石の設置や木材加工，組立を行った。

　同じ3年生の『地域活性プロジェクト』では，地元企業20社と連携し，工

業または商業の見方・考え方を働かせて地域の未来像を探究する授業を行った。その授業は, ①「課題とは何か」の理解, ②課題の発見（校内・地域社会）, ③課題の発見（企業へのインタビュー）, ④課題の設定（アンケート調査）, ⑤課題の分析（深掘り）, ⑥解決策の発案, ⑦まとめ（「地域の未来像」の最終報告）という探究的なプロセスで実施された。ちなみに, そこで探究されたテーマは, 企業の有給休暇取得, ゴミのポイ捨て, テクノロジーによる QOL の改善, 制服（夏服）のあり方, SNS による地域の魅力アピールなど, 多様な内容で取り組まれた。

学科連携型の『課題研究』の授業では, 飯田市内の複数の地区をフィールドに, 公民館主事が高校と地域関係者をコーディネートしながら実施された。たとえば, 「中心市街地に賑わいを取り戻せ！」という橋南地区をフィールドにした『課題研究』（平成 29 年度）では, 飯田市郊外での大型店が増えた影響で, 中心街が寂れてきた同地区をどうすれば活性化できるかという課題に, 高校生8 人が取り組んだ。その学習は, ①地区のフィールドワーク, ②住民へのインタビュー調査, ③商品開発, ⑥神社の夏祭りでのかき氷配布, ⑦地元洋菓子店との商品開発, ⑧東京都品川区での販売実習, ⑨地元フェスティバルでの販売実習, ⑩橋南地区の交通量調査というプロセスで 1 年間進めていった。高校生は, 研究の初期段階（①～⑥）で, 独自の商品を開発し SNS で拡散して同地区の賑わいを取り戻せるという仮説を立て, 実際に「ゼリー入りかき氷」を開発して夏祭りで販売し始めたが, 宣伝不足のためか高い評価を得られなかった。しかし, この夏祭りに参加したことで地元愛に気づき, 飯田市の魅力を外部に伝えようという方針に変更し, 地元洋菓子店と開発した新商品（マカロン, 柿とリンゴケーキ）をリニア開通で繋がる東京都品川区で販売することになった（⑦～⑧）。当初は, マカロンが売れると予想していたが, 飯田市ではありふれた柿とリンゴのケーキの方がはるかに高い評価を得ることができ, あらためて飯田市の特産を認識することできたという。

商業科の特性を活かして, 商品の価格設定や販売数量等の条件を検討しながらの学習なので, 教室内での理論的な学習を生徒自身が実践し反省し, 商品販売の面白さと苦労を体感できたはずである。また, 関係者と打ち合わせをする,

販売時にお客さんに声をかける，会計業務をこなす，チラシや企画書を作成する等の経験を積むことで，社会人としての基礎的な能力を身につけていったことも想像に難くない。最初は「正直めんどうくさい」と思っていた生徒が，公民館主事や地域関係者，地域外の消費者とコミュニケーションを重ねる中で，精神的にも成長していったという。

このように，長姫高校における地域人教育は商業科を中心に取組まれてきたが，すでに工業系学科への横展開が始まり，企業課題や地域課題を解決するための実践を継続している（図5-3）。

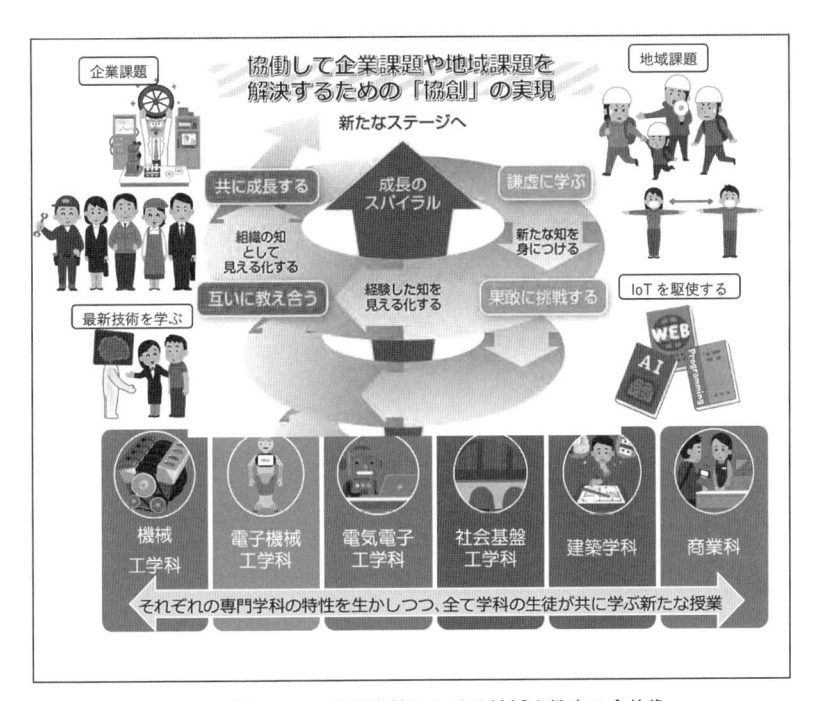

図5-3　飯田OIDE長姫高校における地域人教育の全体像

出典：飯田OIDE長姫高校，2021

(3) 地域人教育が問いかけること

多様な主体が関与した飯田市での地域人教育は，高校と地域の連携のあり方

について，どのようなことを問いかけているのだろうか。それを，生徒の成長と連携主体の認識という観点から考えてみよう。

　まず同校は，社会人基礎力を踏まえて評価指標を設定し，質問紙調査による定量的な分析を行っていた。たとえば，商業科『地域人教育』と学科融合グループの『課題研究』では，①課題発見力，②創造力，③発進力，④主体性，⑤実行力の観点から，学習前（6月）と学習後（1月）を比較したが，前者では0.6〜0.8ポイントの上昇が，後者では0.7〜1.8ポイントの上昇が見られたことが報告されている。また『地域活性化プロジェクト』では，①規律性，②創造力，③働きかけ力，④柔軟性の4観点から同様に事前事後を評価したが，0.4〜0.8ポイントの上昇がみられたことが報告されている（長野県飯田 OIDE 長姫高等学校商業科, 2022, pp.15-16）。つまり，統計的に有意な差があったかは不明であるが，定量的に見た時に生徒のさまざまな力はわずかでも伸長したことが明らかになっていた。

　一方，以下の生徒の記述式アンケートの内容からも，授業全体の成果と課題の一端を導き出すことができるだろう（同上, pp.77-80）。

・「普通の座学だけの授業をしていたら，関わることがないような地域の人と関わりを持ち，一緒に活動できたことでイベントを成功することができた」
（→他者との協働による達成感）
・「高校生の私たちでも地域に貢献できること，地域に貢献することができたんだと嬉しくなりました。そして，どんな風にすればみんなが楽しめるのか，喜んでくれるのか考えて実行する力が身についたと思います。何事もやってみることが大切。いろいろなことが学べました」
（→自己肯定感・他者への想像力・実行力）
・「地域の方へのアンケート調査などで，地域についてより深く考えることができた。地域や飲食店の方々と関わっていくうち，自分の知らなかった飯田市のよいところをたくさん知ることができた」
（→地域の価値の認識）
・「複数の意見が出てもどうまとめるのかや，どれが一番いいのか，さらによくするにはどうしたらよいかを，みんなで考えて話し合いながら

決めていくことができるようになって行ったことが，一番成長したこ
とだと思います」

（→合意形成力）

・「はじめは先生からの指示がないと誰も動かなかったけれど，どんどん
自分たちでこうしたらいいなと考えたり，先生に何をやればいいか聞
いて，効率よく行動できるようになっていいと思いました」

（→自立心・創造力）

※（→　　）は筆者の追記事項

　このように見ていくと，さまざまな課題はあったとしても，着実に生徒が成
長していることがわかり，知識教授型の授業では育てられない認識や能力が育っ
ていたことが伝わってくる。

　担当した長姫高校の教員は，「発見すること，創造すること，表現すること
などの経験が自分の自己実現に向かう実感を得ることができた」ことと，「地
域の熱い思いを受け止めながら，他の高校生や大学生と助け合ったり，共同し
たり，意見の対立を乗り越えたり，解決したりするなどの高校生にとっては高
レベルなコミュニケーションの経験が，他者を認めたり貢献したいといった感
度を育てることができた」（田開，2022，p.226）という2点の成果があったことを
述べている。

　では，連携した行政や企業等は，一連の取組をどのように受けとめたのだろ
うか。残念ながら，それを明確に示す記録は残されていないが，運営指導委員
会に出席した副市長の以下の発言（長野県飯田OIDE長姫高等学校，2022，p.137）
から，その認識を推察することができる。

　「飯田市をはじめとしたこの南信州には，ものづくりにしても，建設業
にしても，特別に大きな企業があるというわけではなく，中小企業を中
心に技術力を磨くことで頑張っている。その中で，それぞれの業界団体
が横のつながりとして組織を作っているわけだが，いちばんの課題は『人
材確保』であると認識している。行政としてもこの問題を支援していく
ことを考えている状況において，飯田OIDE長姫高校の取組は非常にあ
りがたく，ぜひ継続して取り組んでほしいと考えている。今，この学校

で学んでいる生徒が，先輩の活躍する姿を見て，今度は自分がこの地域
で頑張っていくという心構えを持って卒業し，この地域に残ってもらえ
ることをお願いしたい」（下線部筆者）

　連携した企業も，この発言と同じような評価，つまり地域人教育は「人材確
保の手段であり，地域への人材還流である」という評価を持っていると見てよ
いだろう。松本大学の田開（2022, pp.222-223）も，①高校生と企業の交流を増
やすことで地域が将来の就職先の一つになること，②高校生が働きたくなる企
業とは何かを考える機会となり，より魅力ある企業へ変化することが期待され
ること，③地元に就職する生徒の割合を増やすだけでなく，職業人としての豊
かな人間性を培うなど，生徒一人一人の育ちに大きな影響を与えると，生徒の
成長だけでなく企業側のメリットもふれている。

　これらのことから，生徒は自身の能力の伸長と内面的な変容を実感し，同校
教員もそれを高く評価する一方で，大学，行政，企業の担当者は人財確保と還
流に手応えを感じているようである。では，この両者の評価を，専門高校にお
ける人材育成という観点から見た時にどのように考えればよいのだろうか。

第4節　専門高校における人材育成の在り方

(1)「地域の人材育成」が抱える課題

　第1節（2）では，専門高校が教育課程を地域に開き，地域産業界と教育活動
を協創し，地域経済の持続可能性と地域活性化を同時に担える人材を育成しよ
うとする取組が求められていたことを指摘した。飯田市の地域人教育および長
姫高校が開発したプログラムは，まさにその施策に沿った教育活動であったと
いえるが，そのような評価はある矛盾した2つの側面をもっている。

　確かに，公民館主事がコーディネートする高校と産業界の「地域協創」とい
う考え方が，生徒の諸能力と情動に変容をもたらした点は，今後の専門高校の
教育活動に有意義な示唆を与えるに違いない。平塚（2010, pp.214-215）は，「正

統的周辺参加論」(レイブ＆ウェンガー) を援用しながら，一人一人の学習者が能動的に参加でき，豊かな関わり合いを創り出せる「参加としての学習」によって，そのコンピテンスが育成され，その学びの環境こそが「社会的な実践共同体」になりうることを指摘している。これは，公民館主事，産業界，地域住民等が生徒とともに学ぶ経験を共有する中で，地域の価値や課題等への新たな認識を得る，世代を超えて学ぶことの喜びを感得するといった，謂わば「共同的な学びの経験」が蓄積されていく可能性を示唆している。そして，この取組を長期的に継続していけば，その実践共同体が「グループ内部のコラボレーション，相互作用が積極的に交わされると同時に，そうした内部のダイナミズムが外部との関係，ネットワークもつくりだしていく」(同上, p.217) 社会関係資本として機能していくことも期待できるであろう。その意味で，「地域協創」は可能性に満ちたアイデアといえる。

　しかし，地域企業の人材育成を第一目的とした「地域協創」となるならば，それは生徒の成長を軽視した取組に変貌するリスクを常に抱えることになるだろう。人材とは，Capable person あるいは Talented person と英訳され，一個人 (person) の前に Capable (有能な) や Talented (才能のある) という修飾語が付けられている。ところが生徒は，その能力とは関係なく，ありのままの自分 (人格) を肯定できる学習を必要とし，Well-being を追求する権利を持っているのならば，第三者から自身を「人材」と見なされることは，ある種の自己疎外を招くのではないだろうか。その矛盾を抱えたまま，個々の生徒に地域の「人材」として貢献することを期待するならば，同時に一労働者としての権利と義務を盛り込んだ「労働法教育 (ワークルール教育)」(児美川, 2023, p.198) をプログラムに組み込むべきであろう。とりわけ，高校生が一労働者として企業に入職した場合に，「どのような権利が保障され行使できるか」という知識と技能を学ぶ機会がないと，新自由主義経済下の企業のもとで生き抜くことは難しく，高校時代に経験した成長の実感を持ち得ないことになるだろう。現にキャリア教育の推進に関する総合的調査研究協力者会議 (2004 年) では，「キャリア教育を積み上げていく上で最低限持っていなければならない知識，例えば，労

働者 (アルバイター，パートタイマー等を含む) としての権利や義務，雇用契約の法的意味，求人情報の獲得方法，権利侵害等への対処方法，相談機関等に関する情報や知識等を，子どもがしっかりと習得できるようにすることが大切である」(第3章2(4)-イ) と報告している。

これら2つの側面を考慮するならば，他地域で「地域人教育」的な実践を展開する場合でも，高卒労働者の労働権保障を基軸とした「地域協創」活動を構想していくことが必要ではないだろうか。

(2)「高校と地域の連携・協働」が抱える課題

「高校と地域の連携・協働」が，旧来の高校教育のあり方を改善する意味で必要な施策であることは言うまでもない。その先進的な取組を進めてきた長姫高校の事例は，今後の連携・協働のあり方に貴重な知見を提供したことは間違いない。本章の最後に，この事例から見える今後の取組課題を考えてみたい。

一つ目は，地域協創プログラムに参加した生徒の進路に関する課題である。長姫高校商業科に限定すれば，管内の就職者数は2020年度生徒数の36％，2021年度34％，2022年度20％，2023年度17％と減少傾向にある。一方，進学者 (大学・短期大学・高等専門学校・専門学校) の割合は，2020年度生徒数の59％，2021年度61％，2022年度78％，2023年度79％と増加傾向にある (長野県飯田 OIDE 長姫高校 HP)。この結果から，飯田市の企業に期待するほどの高校生が集まらず，皮肉にも県内外への進学者数を増加させたことがわかる。もちろん，高等教育機関を修了後に飯田市内に就職する可能性はあるが，協働取組を中長期的に評価する難しさが伝わってくる。これは推測の域を出ないが，近年の大学入試における総合型選抜が拡大する中で，生徒が地域協創プログラムの経験を学修の「実績」として入試に活用し始めたのかもしれない。生徒のキャリア形成という点では望ましい結果といえるが，協働取組を行ってきた地域産業界としては複雑な思いを持つことだろう。

もう一つは，学校と地域の連携・協働のガバナンスに関する課題である。そもそも地域人教育は，高校と大学，公民館が地域資源を活用しながら進めるも

のであったが，なにより，地域人教育のような幅広い主体が参画する連携事業には，安定した組織体による継続的なガバナンスが必要なのではないだろうか。荻野（2022）は，地域教育経営の視点から地域学校協働活動に関わる課題として，「学校と地域社会双方が抱える<u>教育基盤の不安定</u>さの問題」を挙げ，「実践の連携・協働では地域社会が学校運営や教育課程を<u>下支え</u>する構図が描かれやすい」（p.33）（下線部筆者）ことを指摘している。全国的な過疎高齢化や人口減少，学校統廃合等の影響で地域の教育力が弱まっていく趨勢にあるとすれば，図 5-1 のようなネットワーク型のガバナンスの場合，組織の責任の所在，組織の持続可能性，活動の中長期的評価，生徒の進路実績の評価，教職員の多忙化，地域住民の下請け化等の問題が顕在化することは否定できない。別の見方をすれば「社会に開かれた教育課程」という理念と施策を展開していく時代にあって，教育政策のあり方や地域づくりそのものが問われているのかもしれない。今後，基礎自治体内の各部署が横断的な組織をつくり，高校や地域と連携する取組が増えていくことだろう。それらさまざまな取組の中で，連携・協働のハブとなる組織体を明確にしながら，実践に取り組むことが重要な課題になると考える。また，そのプロセスの中で，専門高校における人材育成の在り方が真摯に探求されるべきだろう。

【謝辞】

　本稿の作成にあたり，長野県 飯田 OIDE 長姫高等学校の学校関係者に取材への協力や助言をいただいた。ここに厚く御礼を申し上げる。

引用・参考文献

児美川孝一郎（2023）『キャリア教育がわかる：実践をデザインするための〈基礎・基本〉』誠信書房.

田開寛太郎（2022）「長野県飯田 OIDE 高等学校の取り組み」山本由美・平岡和久編著『学校統廃合を超えて：持続可能な学校と地域づくり』自治体研究社，pp.215-228.

寺田盛紀（2013）「高校職業教育の概要」日本産業教育学会編『日本産業教育・職業教育学ハンドブック』大学教育出版，pp.38-41.

長野県飯田市 (2019)「広報いいだ」2.1 (No.1093) https://www.city.iida.lg.jp/uploaded/attachment/38245.pdf

長野県飯田市役所 HP「飯田市公民館の運営原則」https://www.city.iida.lg.jp/soshiki/40/iccc01-hp005.html

長野県飯田 OIDE 長姫高等学校 HP「学校紹介：進路」https://www.nagano-c.ed.jp/oideosa/01_gakko_shoukai.html#shinro

長野県飯田 OIDE 長姫高等学校 (2021)『令和 2 年度 地域との協働による高等学校教育改革推進事業プロフェッショナル型 研究実施報告書』.

長野県飯田 OIDE 長姫高等学校 (2022)『令和 3 年度 地域との協働による高等学校教育改革推進事業プロフェッショナル型 研究実施報告書』.

長野県飯田 OIDE 長姫高等学校商業科 (2022)『令和 3 年度飯田 OIDE 長姫高等学校地域人教育活動報告書』.

萩野亮吾 (2022)「日本における生涯学習政策の動向と課題」荻野亮吾・丹間康仁『地域教育経営論：学び続けられる地域社会のデザイン』.

平塚眞樹 (2010)「若者移行期の変容とコンピテンシー・教育・社会関係資本」本田由紀編『労働再審 1：転換期の労働と〈能力〉』大月書店.

牧野光朗 (2008)「定住自立圏構想研究会資料：人材育成サイクル構築への挑戦：飯田市の取組から」(総務省 HP) https://www.soumu.go.jp/main_sosiki/kenkyu/teizyu/pdf/080214_1_si2.pdf

牧野光朗 (2016)『円卓の地域主義：共創の場づくりから生まれる善い地域とは』事業構想大学院大学出版部.

文部科学省 (2021a)「『令和の日本型学校教育』の構築を目指して：全ての子どもたちの可能性を引き出す，個別最適な学びと共同的な学びの実現（答申）」.

文部科学省 (2021b)「新しい時代の高等学校教育の実現に向けた制度改正について」https://www.mext.go.jp/content/20210420-mxt_koukou01-000013554_02.pdf

文部省 (1993)「総合学科について」(文部省初等中等教育局通知) https://www.mext.go.jp/a_menu/shotou/kaikaku/seido/1258029.htm

（URL 参照日は 2025 年 2 月 10 日現在）

実践事例4

宮城県多賀城高等学校
—東日本大震災を契機とした地域連携

小野　敬弘
宮城県多賀城高等学校　校長

第1節　学校概要

　本校は，東日本大震災を受け，2016年から全国で2例目となる防災系の学科「災害科学科」を開設した。被災地にある学校として，防災・減災の観点から今後の社会を力強く生き抜く力を育むことを目的に，普通科の必修科目にも防災系科目を配置し，全校生徒が防災・減災に関するさまざまなプログラムを学習している。2017年にはユネスコスクール，2018年にはスーパー・サイエンス・ハイスクール（SSH）に指定され，防災教育を県内外に広げるパイロットスクールとしての役割を担い，人の命とくらしを守る人材育成を図っている。特に，災害科学科の教育活動については，30単位に及ぶ学校設定科目を置き，地域フィールドを活用した防災・減災・伝災（災害伝承）等，災害を題材に学際的かつ教科横断的な学びを展開している。

第2節　地域と協働した教育活動実践

　被災地にある学校として，その教訓を後世に伝えるために，また防災系学科の学びの軸となる体験的な学びを構築するために，地域資源の活用と地域連携はその大きな柱になった。以下はその実践例である。

(1) 津波波高標識設置活動

　震災翌年の 2012 年，市内の建物等から消えつつある津波の痕跡を「大切な教訓」としてとらえ，測量器を使用し津波浸水高の計測を行った。そこから得た数値は，付近に立つ電柱に同じ高さで印を付け，さらに，市民に広く知らせるための手段として生徒がデザインした「津波波高標識（津波標識）」を製作した。マークした箇所に標識を設置するため，多賀城市の協力を仰ぎ，被災町内会の代表に対し設置への理解と趣旨の説明を行った。2017年には，未設置となっていた地区の町内会長から，「将来の世代にどうしても津波の記録を残したい」と標識設置の依頼があり，生徒は地域の方々とともに浸水深を調査したうえで標識を設置した。震災から 6 年，本校の活動が市民に受け入れられ，地域課題解決のために協働して行った活動となった。

図 1　津波標識設置作業　　　　図 2　標識未設置地区の方々からの依頼

(2) 津波伝承まち歩き活動

　多賀城市内には，「末の松山」という史跡があり，約 1000 年前に発生した貞観津波の際も被災しなかったといわれ，百人一首にも詠まれている。3.11 津波の際も被災から逃れ，多数の近隣住民がここに避難した場所でもある。津波標識は市内に約 150 箇所設置したが，その直下にも標識を設置しており，2016 年，この「末の松山」周辺を「まち歩きコース」として設定し，3.11 津波と貞観津波を対比させながら，津波被害を伝える伝承活動をスタートさせた。2017 年

からは『「まち歩き」をもっと魅力
的にするために』と生徒が課題研究
に取り組み，手作りマップを作成し
て参加者に配付している。津波波高
調査から始まったこれらの活動は，
自治体や企業，NPO などに依るこ
となく，学校独自で発展を遂げ，先
輩から後輩に語り継がれる伝承活動
となっている。

図3　津波伝承まち歩き活動

　現在では，市民や地区の子供会，課外学習として中学校からも「まち歩き」
案内の依頼があり，地域に定着した活動になっているほか，国土交通省等が組
織する「震災伝承ネットワーク協議会」からも評価を受け，この「まち歩き」
コースが「3.11 伝承ロード 震災伝承施設」として登録されたことから，県外
からも案内を希望する来校者も多い。

（3）多賀城・七ヶ浜巡検（災害科学科）

　災害科学科1年生で
は，学校設定科目「災
害科学」の授業として，
震災で大きな被害を受
けた多賀城市および
七ヶ浜町の被災・復興
状況を学習する巡検を
行っている。行政側か
らの視点で考察すると

図4　多賀城・七ヶ浜巡検（後方の建造物が津波避難道路）

いうねらいのもと，多賀城市危機管理課と七ヶ浜町建設課に協力を仰ぎ，津波
避難道路や高台移転団地，防災センターなどを見学し，当時の被害状況や現在
の復興状況の説明を受ける。生徒はそれぞれに地域課題を認識するとともに，

新たな課題を見出し「課題研究」のテーマづくりにつなげる。

(4) 地域フィールドワーク (普通科)

普通科1年生では，「課題研究」の授業において，企業・団体等の地域資源を活用する実習を行っている。気候変動，環境等，人のくらしに係る工学・海洋学・食産学・生物学・地質学等まで視野を広げ，各学問分野への興味関心・向上を目指す。また，被災地として地域が抱える課題を訪問した企

図5　海岸での海洋プラスチック調査

業・団体から学び，自ら地域課題発見・解決の糸口を探ることで探究心を育み，自らの課題研究テーマの設定につなげている。

(5) ボランティア活動

震災後，復興を目指した各地域では，さまざまな催しや既存の行事をより活性化させるため，高校生にその力を求めた。学校でもその要請に応えるべくボランティア活動を単位として認め，生徒の参加を後押しした。このような学校側の積極的な姿勢は地域からも認知され，現在は年間数十件の依頼があり，多くの生徒が参加し，単位を取得している。また，生徒会役員や災害科学科の有志生徒などは，国内外を問わず大きな自然災害があると被災地への募金活動を自ら企画して，校内はもとより，JR駅や大型ショッピングモール等に出向いて行っている。さらに，県内で大雨被害などを受けた地域が出た際には，学校で有志を募り被災地に足を運び災害ボランティア活動も行っている。

本校は，多くの高等学校がそうであるように，自治体から避難所の指定を受けていないため，地域と協働した避難訓練，炊き出しや避難所運営訓練などには参加していない。学校としても生徒の通学圏が広範囲なことから，実際に災

図6　大型ショッピングモールでの募金活動　　図7　災害ボランティア（2022年松島町豪雨
　　　（2023年トルコ・シリア地震募金）　　　　　　　災害）

害が発生した場合，いち早く保護者の元に帰すことが前提であると考えている。そのため「防災」を学ぶ学校設定科目で知識として理解を深めさせることしかできないが，平時におけるボランティア活動を通して社会や地域活動に率先して参加できる力を養わせ，万が一の災害時には自分の住む地域でしっかりと活動させたいと考えている。

（6）企業連携

　このような多岐にわたる本校の活動は，地元企業にも刺激をもたらしている。2020年，JR東日本では震災後，津波警報時の乗客避難について課題を抱えていたが，この問題解決のために，通学でJRを利用しかつ防災を学ぶ災害科学科生徒と意見交換をして対策を練りたいとの依頼を受けた。有志生徒数名が希望して参加し，現在も代替わりしながら継続して話し合いが行われている。JRでは得られた意見を参考に新たな対策を打ち出しているほか，本校生徒は自らの課題研究テーマとして，この課題解決のプロセスを発表している。

　また，塩釜市の水産加工卸売業者からは，社屋および工場における危機管理体制を災害科学科の生徒から意見を聞いて再整備したいとの依頼を受けた。災害時における初期活動，連絡体制，非常持出，避難経路・方法等細部にわたり社員とともに考えた。この活動に参加した生徒も，課題研究としてまとめてお

図7　JR東日本との共同研究（車両からの避難体験）

図8　社員と避難経路を確認する生徒

り，生徒自身も危機管理についての知見を深めた。このように，地域企業が抱える課題を高校生と協働して解決を図ろうとする取組は，企業に勤める社員の危機意識向上にも寄与することにもなり，専門学科を備える学校としての存在意義も高まったものと考える。

（7）地元企業からの支援

　本校では，震災の教訓継承と犠牲者の追悼，防災・減災に係る探究活動の成果発表を行う「東日本大震災メモリアル day」を 2016 年から開催している。昨年度も全国 15 都道府県 25 校から高校生を招いて行われ，意見交換会やそれぞれの研究を発表するポスターセッションが行われた。北海道から九州・四国からも参加があるなか，交通費の捻出が難しい学校には，地元の多賀城ロータリークラブが支援している。その経緯は，本校の諸取組がロータリークラブの理念と合致していたことから，2018 年，下部組織となるインターアクトクラブを設立しともに社会貢献活動を行っていることによる。多賀城ロータリークラブ側もこのメモリアル day への支援は，地元高校と連携協働することにより，震災当時，全国からいただいた支援への恩返しと，地域還元を図る社会貢献の機会ととらえている。本校生にとっても全国の高校生と交流を持てる貴重な機会となっており，良い互恵関係が築けている。

第3節　実践の考察と今後の展望

　ここまで本校の取組の一端を紹介してきたが，他にも数多くの連携先にお世話になりながら活動を行っている。東日本大震災後，地域との連携は確実に深化しているが，これは「防災」という共通言語があったことが非常に大きいと感じている。つまり，地域と高等学校が良きパートナーとして協働できたのは，互いに共通する課題や問題点が存在し，それらを解決すべく協力して，相互利益を生みながらともに進む目的があったためである。本校では，結果的にこのような図式を描けたことで，持続的な関係を継続できているものと考える。

　しかし，課題も少なくない。働き方改革の中で，外部の方と折衝しお膳立てをするのは教員であり，それが大きな負担になっていることは確かである。また，活動毎に担当教員が固定されることが多く，人事異動等によってこれまでの関係性やノウハウが失われてしまう脆弱な部分もある。地域との協働は，人と人とのつながりで成り立っているものでもあり，複数名での対応が望ましいのだが，簡単に人員を割くことができずもどかしい部分である。

　いずれにせよ，さまざまな連携を通して，地域に内在している問題を肌で感じ取れることは生徒の課題発見・解決能力の醸成に非常に有効であり，このような活動を通して，将来高いリーダーシップを発揮し，地域社会を活性化するイノベーターとして活躍してくれることを期待したい。

長野県白馬高等学校
—白馬の地域資源を活用した授業実践

浅井　勝巳
長野県白馬高等学校　教諭

第1節　学校概要

　本校は普通科，国際観光科各1クラスの小規模な高校である。大自然に囲まれた国際色豊かな白馬というフィールドを活かし，白馬の自然環境を活かしたフィールドワークや，野外自然体験学習を行っている。国際観光科では，地元の外国人との交流を通し，観光を題材にした実践的な英語の学習や，高校生が宿泊施設の宿泊プランの企画から運営までを行う高校生ホテル実習などの取組を行っている。

　国際観光科は2016年度に開設され，全国募集を行っており，県外からの生徒や県内の他地区からの生徒も多く，これらの生徒は寮や下宿で生活している。

　そのため，地域にある高校でありながら，県外や県内他地区からの生徒が多く，多様な地域の出身者が在籍している。

第2節　地域資源を活用した授業実践

　本校では"白馬"という地域資源を活用し，学校独自の教科である「観光」や「教養」，各教科でも特色のある学校独自の科目を設定し，自然環境や文化歴史を生かした学び，グローバルな地域特性を生かした学び，観光地の特性を生かした学びを展開している。学校独自の教科「観光」では，白馬地域の基幹産業である観光は，白馬の自然環境，昔からの歴史や文化といった人々の営み

があるから成り立っているととらえている。そのため，観光を狭義の「観光ビジネス」だけでなく自然環境や歴史，文化といった部分も観光の領域としてとらえている。

(1) 自然環境を生かした学び

　1年では学校独自の教科「観光」の学校設定科目「北アルプス学」(普通科・国際観光科必修1単位) において，白馬の自然環境，歴史，文化について学ぶ。担当職員も理科，地歴公民科，国語科，商業科と複数教科の教員が担当する。学ぶ内容は，白馬の植生を知るために学校周辺の植物のスケッチや，学校の横を通る旧街道である「塩の道」(新潟県糸魚川市～長野県塩尻市) についての学習を行う。最終のまとめとして，学校の校歌の歌詞を読み解き，地域の自然や魅力，学生への学びへの期待などを生徒それぞれがイメージする白馬の風景と結びつけ，ミュージックビデオを作成する。

　2年では白馬の山岳環境を実習の場として行われる体育科の学校設定科目「山岳実習」(普通科・国際観光科共通選択2単位) において，山岳に関する基礎となる知識や理論を学ぶ。また，山岳活動を行うための環境整備(登山道整備)活動を地域の方と一緒に行っている。

　3年では白馬の自然環境についてより深く学ぶ理科の学校設定科目「環境」(普通科・国際観光科共通選択2単位) において，白馬周辺の自然環境をその保全，災害や環境問題，生物調査など理科的な視点で理論と実践を通して学ぶ。

　3年では他にも，体育科の学校設定科目「アウトドアスポーツ」(普通科・国際観光科共通選択4単位) において，地元の自然環境を生かしたスポーツ活動，アクティビティについて体験を通して学ぶ。体験するアクティビティは，トレッキング，

図1　SUPの授業風景

フィッシング，スタンドアップパドルサーフィン（SUP），スノーシュー，クロスカントリースキーなど多岐にわたる。

(2) グローバルな地域特性を生かした学び

　白馬村は，人口 9,159 人（令和 6 年 1 月 1 日現在）であり，そのうち

図2　フィッシングの授業風景

外国人は，1,239 人であり，外国人人口の割合が 13.5％と長野県の中で一番高い。また，白馬エリアは日本有数のリゾート地であり，この 10 年で外国人旅行者は急増し，白馬村，小谷村，大町市にまたがる 10 スキー場で構成される Hakuba Valley に 2023-2024 年シーズンの外国人来場者は，56 万 6 千人来場した。この白馬エリアは冬期を中心に国際色豊かな地域である。

　本校の国際観光科は，教科「英語」の専門科であり，地域の基幹産業である観光と関連づけた実習も多く行われている。

　英語科の学校設定科目には，普通科・国際観光科の共通選択である「ライティングスキル」「プレゼンテーションスキル」「観光英語」がある。国際観光科はさらに，「英語読解」「多文化・時事英語」が選択科目として設定されている。

　2 年で行われる「観光英語」（普通科・国際観光科共通選択 2 単位）においては，白馬在住の外国人をお客さん役にして，松本城の日帰りツアーを行ったり，冬期に外国人の多い白馬のスキー場やバスターミナルで外国人にインタビューをする実践プログラムを行っている。事前に質問事項を考え外国人に英語でインタビューを行っている。

　また，白馬に海外から教育旅行で訪れる人も多く，不定期ではあるが，新型コロナウイルス感染症の流行期前には年間 3，4 回程度，2024 年頃からは年間 1，2 回ほど本校や地域で学生たちを受け入れ，本校生徒と交流を行っている。

図3　松本城のツアーガイド実習

図4　海外からの教育旅行の学生との交流

（3）観光地の特性を生かした学び

　1年の学校設定教科「観光」の学校設定科目「北アルプス学」で白馬周辺の自然，歴史・文化に学び，2年では，学校設定科目「観光実務」（国際観光科必修2単位）において，観光業界について学ぶ。

　生徒が観光について学ぶうえで課題となるのが観光体験の少ない生徒が多いということである。15～18歳の高校生が経験している観光体験は小中学校の修学旅行と部活動の遠征，各家庭での旅行経験である。これらの観光経験があってもまだ年齢的にも自分で旅行を計画して体験する経験をしていない生徒がほとんどである。また，白馬村周辺から通学をしている生徒は家族が観光関連企業で働いている，家が宿泊施設で両親が経営・運営しているといった生徒もいるため観光についてのとらえ方に生徒間の差がある。そのため，2年の観光実務では，①自分で観光旅行を計画する，②観光サービスの提供者になってみることについて実習を通して学ぶ。

①自分で観光旅行を計画する実習「PTA 研修旅行の企画と添乗」

　観光ツアーの作りと添乗実習では，生徒自身が白馬以外の地域で観光体験をして保護者を対象にした日帰りバス旅行を企画し添乗を行っている。この実習ではまず白馬から2時間圏内の観光スポットを見つける，調べる，実際に行ってみる，企画するという段階で行う。そして，グループごとにプレゼンテーションを行い PTA 役員によって実施ツアーを決定する。決定したツアーのグループの生徒はツアー当日の添乗を行う。

②観光サービスの提供者になってみる実習「高校生ホテル」

②観光サービスの提供者になってみる実習「高校生ホテル」

「高校生ホテル」は地域にある宿泊施設を使って生徒が1泊2日の宿泊に関するサービス接遇を行う実習である。実習を行う宿泊施設は白馬村，小谷村の宿泊施設に学校から声を掛けて実施施設を決定していく。事前学習では，宿泊施設の方から宿の成り立ちや宿泊業でのやりがい，大変さ，今まで一番印象的なお客さんについてなど地元にある宿泊施設の方から宿の裏話も聞くことで白馬の観光とそこで働く人について学ぶ。

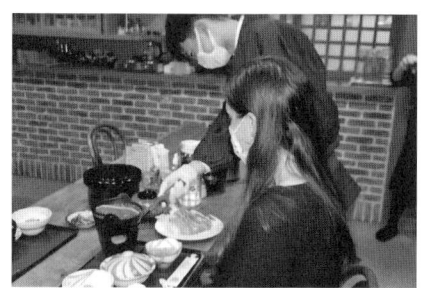

図5　高校生ホテル実習風景①　　　　図6　高校生ホテル実習風景②

第3節　課題と今後の展望

　白馬・小谷地域では，この地域ならではの雄大な自然環境を生かした通年型マウンテンリゾートの実現をめざしたさまざまな取り組みを行っている。この取り組みによって，地元のローカルと移住者，自治体と民間企業，日本人と外国人など，多様な結びつき，さまざまなダイナミックな動きが生み出されており，白馬・小谷地域にとって今がまさに「変革期」といえる。

　本校は，この変革期の大きなエネルギーも取り込みながら，「地域が学校の学びを支え，そこで学んだ生徒たちがやがて地域を支えるという循環」の創成を目標として教育活動を取り組んでいる。そこで改めて強く認識したことは，本校の特色ある教育活動が“白馬”という地域の特性とそこに住む人々の多様性によって支えられていることである。

　一方課題としては，地域の力を学校の教育活動に取り込むことがまだ十分にはできておらず，要因として3つのことが考えられる。

　1つめは地域の時間と学校の時間がうまく合わないことである。地域の人と一緒になってワークショップや活動をする場合，企業や団体が業務として行う場合は平日の昼間に短期集中で行われる。地域の有志による活動の場合は平日の夜か土日，休日に行われることが多い。学校は授業の場合，毎週決まった時間に50分単位で授業が行われている。そのため，地域の人と学校における日程や時間の調整，フィールドワークを始めとした校外活動では授業時間の50分に収まらないなど課題が多い。授業で生徒に興味・関心を持たせ，課外の活動として地域の有志の活動に生徒が参加する方法が現状では最適であると考えるが，授業で学んだことをもとに地域で活動するという流れをより体系化していきたい。

　2つめは，職員が地域の現状を理解するには時間がかかることである。本校の教育活動は，地域との結びつきも強く，フィールドワークを基本としていることから，他の普通科高校から異動してきたばかりの教員は戸惑うことが多い。複数年かけて授業を行う中で，徐々に地域関係者とよりよい関係性が構築されるが，教員には定期的な人事異動があり，地域のことを理解した頃に異動となることが多い。本校は，長野県の県立高校で唯一のコミュニティ・スクールであり，地域の方を評議委員としての学校運営協議会があり，有益なご提案を継続的にいただいている。しかし，全職員が地域の方とのつながりを持つまでには至っていない。今後は，地域にはキーパーソンとなる人物が何人かいるので，その方と教員がつながり，各教科の授業に還元・転換できるような仕組みを構築したい。また，地域との連携授業を実施する際には，担当を複数名で対応し，属人的な地域連携から組織としての地域連携へという仕組みの構築も必要である。

　3つめは，学びをどのようにプログラムするかである。地域との学びを探究学習としてより効果的にするには本人の興味・関心に基づく知的好奇心といったマインドと情報収集や分析といったスキルが必要である。本校生徒には，体験的な学習を通じて地域や社会に興味・関心を持ち積極的に取り組む様子が見

られた。一方で，データや既存資料からの情報収集や論理的な考察，関連知識による総括といった点についての苦手意識を持つ生徒も多い。体験的な学習と関連する知識やスキルに取り組み学習をうまく組み合わせた授業展開，情報収集や関連知識のインプットが得意な生徒と，地域や社会に興味・関心が高い生徒とがチームになり，お互いの得意な部分を生かせる環境づくりをすることで，個々の生徒が生きる学びを構築することが必要である。

第6章

探究力の練成の場としての地域協働
—都市進学校の挑戦

中口　毅博

第1節　はじめに

　これまでの章でも述べてきたように，少子高齢化により高校の生徒数の減少による統廃合が相次ぐなか，特に専門科を有する高校は探究活動を活性化することで，より特色を出していこうとする動きが見られる。また，地方の中山間地域の自治体においては，人口の流出，地域経済の衰退などに対し強い危機感を抱いており，市町村の首長部局が高校と連携しようという動きも多く見られる。

　一方，大都市圏や地方の中心都市は，少子化による自然減は著しいものの，農村部からの人口流入による社会増によって人口減少がそれほど顕在化していないこともあり，高校存廃の危機感は薄い。地域特性の点から見ると，都市部では長距離通勤，長時間労働や人間関係の希薄さなどにより，自治会・町内会の加入率が低い。したがって，住民の協働活動が低調であり，商業地の郊外化などにより中心部の衰退がおこり，地域コミュニティが維持できなくなっているところも多々見られることから，若い世代の参画が期待されている。それにもかかわらず，有名進学校は定員割れを起こすことが少なく学力で勝負できることから，地域との連携に積極的であるとはいえない。

　そのようななか，進学校であっても知識・技能（第1の学力）や思考力・判断力・表現力（第2の学力）だけでなく，主体性・多様性・協働性（第3の学力）を特色ある探究活動などにより向上させようとしている学校もいくつか見られる。一方で地域協働に関しては学校全体として協働事例は紹介されているものの，生徒個々の探究活動がどのような協働活動につながっているかはあまり明らか

にされていない。

　そこで本章ではまず，都市地域の特性や協働活動の特徴を整理する。次に7つの学校を取り上げ，その探究活動について概観する。さらに，さいたま市立大宮国際中等教育学校を取り上げ，授業と協働活動の関係について述べたうえで，探究学習における生徒個人の協働活動について紹介するものとする。

第2節　都市地域および都市進学校の協働活動の特徴

(1) 都市の地域特性

① 都市特性

　郊外から都心に通う住民が多いため通勤時間が長く，地域で過ごす時間が少ない。そのため，地域との関わりが薄く，地域活動への参加度も低い。地元にいる時間が短いことから情報に触れる機会が限られ，住民啓発や情報提供の効果が薄い。また，郊外の住宅地で買い物難民が増えている。そのため高齢者が周辺部の住宅地から転出し都心回帰する傾向があり，郊外の住宅地に空き家が増加している。

　良い点としては，企業経営者や高学歴層などスキルの高い層が多いことがあげられる。

② 環境特性

　資源・エネルギー・食糧のほとんどを域外に依存しており，ひたすら消費し，廃棄している。中心部では匿名性が高く密集して住んでいるため，ごみ分別やごみだしルールを守らない住民がいるなど，生活型の環境問題（ごみ，騒音，ペットなど）が顕著である。また，排熱の影響で都市の高温化が進んでいるとともに，気候変動に起因するゲリラ豪雨などにより，不透水面の拡大と相まって都市型水害の発生頻度が増している。

　一方郊外では，高度成長期に建てられた省エネ効率の悪い大量の住宅が多く存在し，多世帯化の進行により世帯当たりエネルギー消費量が増加している。交通面では，低密度市街地が分散し人口密度が小さいために，中心部に比べ人

口あたりの CO_2 排出量が大きい。さらに開発により自然の絶対量は減少しており、緑地が細かく分断され、自然生態系の頂点にいる動物の生息空間が失われているところが多い。また、他から移転してきた人が多いため、地域の自然のことを知らなかったり、自然遊びの経験が少ない住民が多い。

(2) 地域協働の特性

壮年期の社会参加が少ない（参加する時間がない）。専門的な知識を持った住民が多く存在するが、定年退職後に生きがいを失い、専門知識を活かした社会参加に結びつかない。

また、新興住宅が多く、地縁的な結びつきの弱い地域も多い。自治会に入らない人、脱退する人も多く、防災・安全上でも問題が発生している。大学が周辺にない都市では、地域活動の担い手としての若年層が不足している。市民団体の数は多いが、メンバーの高齢化・固定化が顕著である。中高生時代に地域とつながって活動した人の比率は少ない。

(3) 都市進学校の特性

一般的な都市進学校では有名大学への進学者数がステータスになっており、知識・技能を重視した教育を行っているところが多い。大学入試では、総合型選抜入試よりもセンター試験などの一般入試を重視する傾向がある。

また、総合的な探究の時間において、課題研究やプロジェクト型の探究学習があまりなされていない。総合的な探究の時間は進路研究や受験勉強などに充てられる場合もある。高校は通学範囲が広く、地域協働の"地域"を設定しにくい。近隣の地域住民、企業などとの結びつきが希薄である。

第3節　探究活動の特徴

地域協働に熱心な都市進学校として、筆者は2023年4月から2024年9月にかけて、中央大学附属中学校・高等学校、芝浦工業大学附属柏中学高等学校、

筑波大学附属坂戸高等学校，さいたま市立大宮国際中等教育学校，お茶の水女子大学附属高等学校および東京学芸大学附属国際中等教育学校，渋谷教育学園渋谷中学高等学校の7校の取材または探究学習の支援活動を行った。これらの学校は，今年度卒業生が出る大宮国際中等教育学校を除き，4年制大学への進学率が70%以上となっている。

これらの学校の共通点として，以下のことが挙げられる。

・中高一貫校か大学の付属高校で，かつスーパー・サイエンス・ハイスクール (SSH)，スーパー・グローバル・ハイスクール (SGH) などの研究指定を受けているか IB（国際バカロレア）コースのある学校である。
・3年間通して課題研究を行う学校設定教科がある。
・専門家の講演や指導が充実している。
・フィールドワーク（教育旅行）が探究学習の一翼を担っている。
・卒業生が支援している。

以下，各校の特色について述べる（学校名は本文中は略称を用いる）。

(1) 中央大学附属中学校高等学校

大学の附属校であり，中高一貫校である。また，SSH の指定を受けていることから理系の探究学習が充実している。6年間を通して「教養総合」という探究科目がある。中学の時は「教養総合基礎」，高校1年生で「教養総合Ⅰ」，2年生で「教養総合Ⅱ」，3年生で「教養総合Ⅲ」となる。2年次はゼミに分かれ，グループ別に課題研究に取り組む。3年次は選択となり，個人で卒業研究に取り組む。2年次のゼミのうち SDGs に関するゼミは，何らかの実践を行うことを成果とする場合が多いことから，小金井市やその周辺の市民団体等と多くの協働活動が行われている。

また，「探究ウィーク」という教科学習がすべて休みになる期間が秋に1週間設定されている。この期間，ゼミ別の教育旅行を実施しており，そのゼミの探究テーマに近い目的地に行くことから，探究学習の一環としてのフィールドワーク的な要素が強い。全学年同一時期・同一場所に行くマスツーリズム型修

学旅行を実施していない点が時代を先取りしていると言える。

(2) 芝浦工業大学柏中学高等学校

　大学の併設校であり，中高一貫校である。SSH の指定を受けている。中学では探究学習に取り組む時間として学校設定科目「ワールドデー」を設置しており，成果をホームページにまとめる「WEB コンテスト」に参加している。2023 年度までは，高校からは学校設定科目「GS，SS」において科学的な課題研究に取り組んできた。GS は，グローバル・サイエンスクラスが必修で取り組むもので，SS はジェネラルラーニングクラスが希望制で課題研究に取り組むものであるが，2024 年度からはこれまでの総合的な探究の時間と学校設定科目「GS，SS」を統合させた学校設定科目「SS」を教育課程上に設置し，全員必修となった。

　2023 年度の流れとしては，1 年生が GS/SS Ⅰ，2 年生が GS/SS Ⅱにグループで取り組み，3 年生は SS Ⅲで個人研究を実施することができていた。3 年次には芝浦工業大学の大学研究室に行ってゼミに参加したり，GPBL (海外研修) に参加することもできる。SSH の授業という位置づけから，ゼミは数学・情報，物理，化学，生物，地学という理系分野に教員が計 26 人と厚く配置されており，人文・社会クラスは一つにまとめられていたが 16 人の教員が配置されていた。全クラス共通でデータ収集や分析の授業も行われていた。人文・社会クラスに属する生徒を中心にヒアリングなどを通じて外部と連携しているが，協働活動実践に発展している例はそれほど多くはない。

　修学旅行はコロナ以前には 2 年次にオーストラリアに行っていたが，コロナ禍では北海道に行っており，課題研究のテーマと関連は薄いもののプレ探究的な役割を果たしている (2024 年度よりオーストラリア研修に戻っている)。

(3) 筑波大学附属坂戸高等学校

　大学の附属校であり，1994 年に全国初の総合学科に改編された[1]。SGH の認定校から WWL (ワールド・ワイド・ラーニング) 拠点校となっており，さらに

2018 年には国際バカロレア・ディプロマプログラム認定校となった。[2]

　総合学科では文科省の通達に従い「産業社会と人間」と「課題研究」などが必須となっていることから，1 年次に「産業社会と人間」に配置し，1 学期には学校農場でのグループ課題研究を実施している。2 年次になると T-GAP（つくさかグローバルアクションプログラム）と称してグループ別課題研究を実施している。3 年次は個人単位の卒業研究になる。

　校外での活動は，2024 年度より校外学習として 1 年次の春休みに全員国内か海外に行くことになっており，2 学期以降の「産業社会と人間」はそれと関連させて個人単位のプレ探究を行っている。また 8 月に希望者がフィールドワークとしてオーストラリアやインドネシアに行って現地高校生や企業と連携して植林活動などを行っている。

　筑波大附属坂戸高校は SSH 指定校と違い，社会課題の解決につながる実践活動が重視されており，出身中学に出向いてワークショップを開いたり，外部組織の講座の一部を担ったりイベントの中でワークショップを開催したりと，協働活動の絶対数は多くなっている。2024 年 12 月の T-GAP 発表会でポスター発表した 38 グループのうち，36 が校外組織との何らかの協働作業を実践していた。さらに子ども食堂など，課題研究から発展して授業とは無関係に活動しているグループもある。

(4) お茶の水女子大学附属高等学校

　国立大学附属の女子高校であり，本章で取り上げている学校の中では数少ない SSH と WWL の両方の指定を受けている学校である。

　課題研究については，1 年次に「課題研究入門」「課題研究 I」，2 年次に「課題研究 II」，3 年次に「課題研究 III」が設定されている。1・2 年次の課題研究はグループ単位であり，3 年次は個人である。課題研究は，個人でもグループ単位でも実施できる自由さがある。

　大学が同じ敷地内にあり，大学の授業に参加できるように授業時間がそれに合わせて細かく設定されており，探究活動においても大学や企業からアドバイ

スを受ける機会は多い。

　フィールドワークは，1年次に長野県の諏訪地方，2年次に福島県に行っている。現地においては課題解決のための提案や地元組織との協働活動も組み込まれており，課題研究のテーマからは独立しているが教育旅行そのものが重要な探究活動の場となっている。

　課題研究の成果物を見ると，[3]室内での実験系が充実しており，健康・環境分野の課題を解決するようなテーマ設定をしている研究が多い。人文社会分野のゼミでは，外部との連携が見られ，福祉・教育分野でNPOや区役所にヒアリングを行っている。協働活動は市民緑地における土壌植生調査などが見られる。

（5）東京学芸大学附属国際中等教育学校

　大学付属の中高一貫校で，国公立初のIBの認定校，SSH文理融合基礎枠開発型・実践型の指定校，ユネスコスクールである。筑波大学によるWWL事業への協力校でもある。帰国生徒や外国籍の生徒など，海外の教育機関での学習を経験した生徒の入学・編入を受け入れており，最終学年次には帰国・外国籍生徒の割合が45％に達する。

　同校の特色として，将来グローバル化した社会に貢献できる人材となるために必要と考えられる知識・技術・能力を養うための学習領域「国際教養」を設けており，教科等の枠組みを超え，総合的な学習／探究の時間，特別活動，学校設定科目を通して現代的な諸課題について総合的に学習している。国際教養は課題を主体的・協働的に解決するために，国際理解，人間理解，理数探究を3つの柱として掲げ，スクールフェスティバルなどの学校行事，国内・国外ワークキャンプおよび各教科フィールドワーク，社会貢献活動，Learning in English などさまざまなプログラムが用意されている。

　国際教養1〜3年次には，アンケート調査の手法，データ分析，インタビューによる質的調査，ウェブサイトや書籍からの情報収集の方法，集めた情報の扱い方や学問的誠実性への意識など探究の基礎となる学習を行う。IBの中等教育プログラムの最終年である4年次には，各教科や国際教養で学んできたこと

を総括してパーソナル・プロジェクトに取り組む。5〜6年次には探究として1年間で1本，合計2本の論文を執筆する。

　生徒による研究は授業や特別活動外でも行われている。同校では，個人やグループによる独自の研究活動の奨励を目的とした，校内での課題研究コンテスト「ISS チャレンジ」を実施している。参加は任意で，年度初めに参加を申請した個人やグループには，教員によるスーパーバイザーがつき，1年間かけて研究に取り組む。年度途中には外部評価会として大学教員や卒業生に進捗状況を発表することで，指導・助言を受けることができる。研究成果として年度末に提出された研究論文は，校内教員による査読を受ける。選出されたファイナリストは校内発表会で登壇し，同窓会やPTAより表彰され，受賞者は記念プレートに名前が刻まれる。毎年参加生徒の関心に基づきユニークな研究が発表されている。

　生徒による研究活動を支援するためにさまざまな取り組みも行われている。研究支援人材バンクは，同窓会による支援事業で生徒の研究活動をサポートする意思がある卒業生が登録されており，年間を通して探究，ISSチャレンジ，パーソナル・プロジェクトへのオンラインあるいは対面による指導・助言が行われるシステムである。また，生徒が探究を進めることに専念できる「ISS Academic Day」を月に1回程度設けている。ISS Academic Day に指定された日の放課後は，部活動や委員会等の生徒の活動は行わず，その分の時間を探究等に優先的に使うことができるようにしている。また，教員も，生徒の研究の支援を優先する日としている。

　国際教養における「ワークキャンプ」は，1年次には富士山周辺，3年次に沖縄，5年次にタイ王国に活動の場所を変えて探究活動を行う宿泊行事である。いずれのワークキャンプでも豊かな自然の中での調査研究，現地の多様な文化への理解，集団やグループでの協働活動を通して他者との良好な関係を構築する力を育成することを目標としている。

　また，探究に関心を向ける機会としてSA活動が奨励されている。ボランティアなどを含む社会貢献活動全般をソーシャルアクション（SA）と位置づけており，

社会課題に気づく，もしくは取り組む機会となっている。SA活動で取り組んだ社会課題を，探究のテーマとする生徒も多い。年度末には優秀な活動をした生徒は表彰されている。

(6) 渋谷教育学園渋谷中学高等学校

　同校は中高一貫校であり，ユネスコスクール認定校，WWL拠点校である。今回取り上げる学校の中でも1学年200名中，毎年40名程度が東大に合格する有数の進学校である。6年間を2年ずつのブロックに分けて教育を行っていることも特徴的である。

　一方で「自調自考」を校訓に掲げ，生徒が主体的に社会と関わることを推奨している。総合的な探究の時間に相当する「自調自考」という時間があり，高校1〜2年の2ヶ年かけて自調自考論文を10,000字程度書くことが求められている。

　研究を進めるにあたっては教員がアドバイザーとして何度か面接を繰り返すスタイルは他校と同様である。テーマ選定にあたっては「問い立て練習会」が開かれ，OBが来校して助言したり，「ライティングセンター」では論文の書き方などを大学院生のOBが指導している。

　課外活動では，生徒が自主的に質の高い社会活動を行っており，中でも2021年度より行われている「学びのオリンピックSOLA (Shibuya Olympiad in Liberal Arts)」は，オンライン中心の国際イベント（2023年より対面企画も実施）であり，生徒がさまざまなテーマの企画を立てて実施している。2021年夏には，17の国・地域から900名の中高生が参加し，さまざまなテーマでの英語によるディベートやプレゼン，コンテストなどが行われており，国境を越えた協働活動が実現している。

第4節 大宮国際中等教育学校における地域協働

(1) 概要

本校はさいたま市立の中高一貫校であり，大宮西高校が改組されて設置された。本書が発行された2024年度で創立6年目を迎え，今年初めて1期生が卒業する。国際バカロレア教育（以下，IBと称する）の認定校であり，埼玉県内で公立の認定校は，筑波大附属坂戸高校と本校の2校だけである。IBは初等教育プログラム（PYP），中等教育プログラム（MYP）と，国際バカロレア資格（国際的な大学入学資格）が取得可能なディプロマプログラム（DP）に分けられるが，本校はMYPとDPに対応しており，1〜4年生は全生徒がMYPを履修し，5〜6年生はDPを履修するグローバルコースのほか，リベラルアーツコース，ステムコースのいずれかを選択する。

学年の生徒数は約160名であり，帰国子女や外国にルーツをもつ生徒が一定数在籍しているが，東京学芸大附属国際中等教育学校のように中途での編入者は少ない。1期生と2期生でグローバルコースに進んだ生徒はそれぞれ20名弱となっている。

(2) 教育理念と教育課程

① 教育理念

さいたま市の教育行政全体として，以下のような3つのGという教育理念を掲げ，この考えに基づき先見性と機動力を生かした施策を展開している。

Grit：やり抜く力で『真の学力』を育成すること

Global：『国際社会で活躍できる力』を育成すること

Growth：一人ひとりの成長を支え，『生涯学び続ける力』を育成すること

本校でもこの「GRIT・GROWTH・GLOBAL」が校訓として掲げられている。また，スクール・ミッションとして，以下のことを掲げている。

・よりよい世界を築くことに貢献する地球人の育成

・学校生活のあらゆる機会を通して，未来の学力を備え国際的な視野をもつ

生徒の育成

また，スクール・ポリシー グラデュエーション・ポリシー（育成を目指す資質・能力に関する方針）として，以下のことを掲げている。

・未来の学力が備わった人・国際的な視野を持った人

・より良い世界を築くことに貢献する人

②教育課程

表6-1 に同校の教育課程を示した。1〜4 年は MYP に対応した教育課程を組んでおり，5〜6 年はコース制を引いており，5 年になると DP に対応した「グローバルコース」，文理融合型の「リベラルアーツコース」，理数系の「ステムコース」の 3 つに分かれる。これにより，中等教育学校として，高校受験で途

表 6-1　大宮国際中等教育学校の教育課程

1〜4 年の教育過程（MYP 対応）

時数(単位数)	1	2	3	4	5	6	7	8	9	10	11	12	13	14	15	16	17	18	19	20	21	22	23	24	25	26	27	28	29	30	31	32	33	34
1年	国語			社会			数学			理科			音楽		美術		保健体育			技術家庭		グローバル・スタディ			English Inquiry		道徳		3G Project			LDT		LHR
2年	国語			社会			数学			理科			音楽		美術		保健体育			技術家庭		グローバル・スタディ			English Inquiry		道徳		3G Project			LDT		LHR
3年	国語		社会			数学			理科			音楽		美術		保健体育		技家		情報I		グローバル・スタディ			English Inquiry		道徳		3G Project			LDT		LHR
4年	現代の国語		言語文化	地理総合	歴史総合	数学I		数学A	化学基礎		生物基礎		芸術I ※1		体育		保健	家庭基礎		情報I ※2		英語コミュニケーションI			English Inquiry		3G			LDT			LHR

※1　美術I・音楽I から 1 科目を選択して履修します。　　※2　高等学校の科目としては論理・表現I に該当します。

5〜6 年の教育過程

Global Course 世界に一歩踏み込む　※Global Course は、国際バカロレア(IB)のディプロマ・プログラム(DP)に基づいて、学習します。

時数(単位)		1	2	3	4	5	6	7	8	9	10	11	12	13	14	15	16	17	18	19	20	21	22	23	24	25	26	27	28	29	30	31	32	33	34
5年	文系①	Language A HL				History HL				Chem SL		Math SL		Arts SL			保健体育			Language B HL			DP探究		知の理論(TOK)			3G Project		物理基礎				LHR
	文系②	Language A HL				History SL		Chem SL		Math SL			Arts SL			保健体育			Language B HL			DP探究		知の理論(TOK)			3G Project		物理基礎				LHR
	理系	Language A SL		History SL		Chem HL				Math HL			Arts SL			保健体育			Language B HL			DP探究		知の理論(TOK)			3G Project		物理基礎				LHR
6年	文系①	Language A HL				History HL				Chem SL		Math SL		Arts SL			体育			Language B HL			DP探究		知の理論(TOK)			3G Project		公共				LHR
	文系②	Language A HL				History SL		Chem SL		Math SL			Arts SL			体育			Language B HL			DP探究		知の理論(TOK)			3G Project		公共				LHR
	理系	Language A SL		History SL		Chem HL				Math HL			Arts SL			体育			Language B HL			DP探究		知の理論(TOK)			3G Project		公共				LHR

Liberal Arts Course 現在と未来の世界を知る

時数(単位)	1	2	3	4	5	6	7	8	9	10	11	12	13	14	15	16	17	18	19	20	21	22	23	24	25	26	27	28	29	30	31	32	33	34
5年	国語表現		〈文学国語／総合古典／地理探究／日本史探究／世界史探究／化学／生物／英語探究〉から 3 科目			公共		数学II			数学B		物理基礎地学基礎		保健体育			英語コミュニケーションII			論理・表現II		知の根源(IOK)		3G Project		LDT			LHR
6年	論理国語		〈政経／倫理／地理探究／日本史探究／世界史探究／化学／生物〉から 3 科目				数学III〈文学国語／数学C／数学探究／社会探求／英語探究〉から 3 科目						総合古典理科探究		体育			英語コミュニケーションIII			論理・表現III		知の根源(IOK)		3G Project		LDT			LHR

STEM Course テクノロジーをきわめる

時数(単位)	1	2	3	4	5	6	7	8	9	10	11	12	13	14	15	16	17	18	19	20	21	22	23	24	25	26	27	28	29	30	31	32	33	34
5年	国語表現		〈総合古典／理数探究／地理探究／化学／生物／情報II〉から 2 科目			公共		数学II			数学B		物理基礎		保健体育			英語コミュニケーションII			論理・表現II		知の根源(IOK)		3G Project		LDT			LHR
6年	論理国語		〈物理／化学／生物〉から 2 科目				数学III			数学C		理科探究物理		体育			英語コミュニケーションIII／政治経済			論理・表現III		知の根源(IOK)		3G Project		LDT			LHR

出典：2024 年度学校案内[4]

切れることのない強みを生かし，6年間の系統的・継続的な学習活動を展開している。

(3) 探究学習のかなめ—3G プロジェクト

① 概要

「3G プロジェクト」の"3G"は，校訓＝さいたま市の教育理念から取られたものであり，学習指導要領の総合的な探究の時間に相当するものである。また IB 認定校に求められるパーソナル・プロジェクト (PP) に対応している学校設定教科である。

　学習形態は，身近な問題から世界的な問題を題材とした課題解決型学習 (PBL：プロジェクト・ベースド・ラーニング) をとっており，ほとんどの時間をチームや個人で主体的活動を行う。また，探究→行動→振り返りという一連のプロセスを6年間繰り返すことで，情報収集分析力，計画立案力，課題解決力，コミュニケーション力，協働力などの社会人基礎力 (ジェネリックスキル) の習得が求められている。

② 学年別内容

　本校はセメスター制 (2学期制) を引いており，前期の終わり，10月初めに探究発表会を開催し，1〜6年の全生徒が個人でポスター発表する。普段の授業は1〜3年が月曜日の Team3 (午後全部100分)，4年が火曜日の Team4 (50分)，5〜6年が水曜日の Team3 (100分) で行われる。学年ごとに8名程度のアドバイザー教員がつき，その教員の教室に移動して活動する。アドバイザー教員は個人作業の間，担当生徒と順次面談を実施し助言している。

　学年別にみると，1年前期は「What is MOIS?」と称して調べ学習を行う。後期は2023年度までは「さいたまエンジン[5]」に参画していたが，2年生で実施した方が効果的との判断から2024年度は実施されない。1年後期から2年次にかけては「SDGs リサーチ」と称して SDGs の課題と解決策に関する調べ学習を行う。1年次は埼玉県統計グラフコンクールへの応募 (数学の授業) や，2年前期の JICA のエッセイコンテストへの応募を取り入れることで，情報収集・

分析力や表現力の向上をめざしている。

　3年になると前期にニュージーランド語学研修があるため，これに関連したテーマについてグループで事前調査や現地実習とそのとりまとめを行う。探究発表会ではグループで英語でプレゼンテーションを行う。3年後期は4年次のエントリー的な位置づけであるものの，4年次の3G授業が週1コマしか時間がないため，4年次と連続して1年半で取り組むことを推奨している。

　4年生はMYPの準拠した「パーソナル・プロジェクト」の実践が要求されており，活動を実践することが求められるため，多くの生徒が校外で活動したり校外組織と連携した活動を行う。4年後期は11月に宮城県や福島県での教育旅行があるため，それに関係した活動に時間を割いている。

　5年次は3つのコースに分かれるが，コースに関係なく個人探究を継続している。また前期にはピッツバーグを中心とするアメリカツアーに全生徒が参加するが，探究のテーマはアメリカ関連のものは少なく，4年次からの継続テーマが多くなっている。6年次は探究サイクルの総決算であるが，総合型選抜入試を志望する生徒は，3Gプロジェクトの成果を社会活動実績や自己PRの材料として活用している。

　3Gプロジェクトでは必然的に，学校外へのアプローチや協働作業が要求される。生徒は大学教授や企業，市民団体，行政などさまざまな組織に自主的に連絡し，ヒアリングを行ったり，その組織の活動に参加したり，資材の提供を受けたりしている。したがって学校単位でみると最も協働活動が成立している科目と言えるであろう。

(4) その他の特色ある授業科目

　本校はIBに準拠した国際色豊かな授業を実践しているが，特に「All English」「English Inquiry」「LDT」「Service as Action (SA)」「3Gプロジェクト」は特色ある授業科目として特筆される。

① 英語系—All English・English Inquiry

「All English」は，毎日朝の時間帯に英語のみで話す時間である。また「En-

表 6-2　LDT の講座の例（2024 年 6 月 22 日の一部）

時間	多目的室1A	多目的室1B	多目的室1C	特活室A	特活室B	社会科室	外国語①	少人数②	理科室①	図書館
8：30〜8：40 8：45〜8：55	"Staff Meeting Opening Inquiry"									
Term 1.1 8：55〜9：40	英検対策講座	自転車のルールをゲームで学ぼう【4年生徒】		3年生言語と文学コンペ練習	3年生言語と文学コンペ練習	SDGs の意義について【2年生徒】		Math-Gym For 5 期生③3．4 組	スポGOMI に参加しよう！！【2年生徒】（雨天時）	1年図書館ガイダンス③1−1
Term 1.2 9：40〜10：25	英検対策講座	自転車のルールをゲームで学ぼう【4年生徒】								1年図書館ガイダンス③1−2
Term 2.1 10：35〜11：20	WS（3G）理想の国家をつくろう②【4年生徒】			アンケート調査設計＆集計ワークショップ【中口】			パレスチナ問題ワークショップ	Math-Gym For 5 期生③1．2 組		1年図書館ガイダンス③1−3
Term 2.2 11：20〜12：05				3年生言語と文学コンペ練習	3年生言語と文学コンペ練習					1年図書館ガイダンス③1−4
12：05〜12：15	Daily Reflection（LDT の振り返りを Classi 学習記録へ必ず入力してください。）									

glish Inquiry」では英語ネイティブ教員による，各教科を英語で学ぶイマージョン教育を実施している。これらにより，本校生徒の英語表現力は大学生をも圧倒する力を備えている。

② 自己学習の時間—LDT

「LDT」（Learner Directed Time）は，年 10 数回土曜日の午前中に行われる学習である。LDT では，通常の教科学習は全く行われず，生徒自らが学習計画を立てて自由に学習できる日である。個人学習や宿題の時間にしたり，探究活動を実施したりできるが，申請すれば生徒自らが講座やワークショップを実施することができる（表6-2）。また，仕事塾やデータ解析など外部講師による講座も頻繁に開かれ，好きな講座を聴講することができる。このように LDT では協働というよりは外部支援を受けているといえる。

③社会奉仕活動—SA

時間割に組み込まれていないが，全生徒は「Service as Action」を実施することが求められている。これは「action（活動）」に「service（奉仕）」を合わせた「行動としての奉仕」ということを意味しており，IB 認定校に求められるプログラムの一つであり，東京学芸大学附属国際中等教育学校のソーシャルアクション（SA）に相当するものである（以降，SA と称する）。

SA は校内活動と校外活動に分けられる。校内活動の例を**表 6-3**に示す。ほとんどは標準的な学校でいう生徒会活動や委員会活動に近いものであるが，趣味に近いものや社会貢献活動も一部含まれる。標準的な学校との違いは，既存の委員会に強制的に割り当てられるのではなく，課題や必要性を認識したうえで，自主的に活動するところであろう。

表 6-3　大宮国際中等教育学校の SA（社会奉仕活動）の例

名称	主な活動内容
SA 管理委員会	SA 情報の整理・提供
HR 委員会（学年別）	課題解決策の実践、行事の企画など
Core SA 給食	ルール設定、フードロス削減、行事企画
SA 図書	図書室の維持管理、読書の普及
選挙管理委員会	生徒会選挙の実施管理
SA 保健活動	保健だよりの作成
SA 備品管理	プリンタや黒板の備品補充・清掃
MOIS LIFE	PC 使用法など学校生活支援
SA Music Lab	PC ソフトによる作曲
SA 放送局	学校放送
SA ユニクロ	服のちからプロジェクトへの参画

出典：2024.9.28 現在，廊下に掲示してあったものより筆者作成

また，自発的な活動を引き出すしかけとして，1 年生は 4 月から 6 月中旬まで 3G プロジェクトや LDT の時間を利用して，SA 探しのプログラムが組まれている。2024 年度に行われた特徴的なものは，5 月に行う「SA 探しフィールドワーク」と「NPO フェア」である。「SA 探しフィールドワーク」は校内外

で"困っている人"を探して回ることで，校内や学校周辺のニーズを把握するものである。「NPOフェア」は埼玉市内外の市民団体などを招き活動紹介のブースを出してもらうもので，生徒が各ブースを巡回して自分の興味に合ったSAを探す場が用意されている。また，後述するインカレSDGsプロジェクトで用意された社会活動について，筆者が3Gプロジェクトの時間に紹介する機会を設けている。

しかし現状では，SA活動の多くが学校内やその周辺にとどまっているのが課題である。給食に関するSAから3Gプロジェクトで規格外野菜の認知度向上のプロジェクトを実践した生徒もいるが，今後3Gプロジェクトの探究のテーマの導入として位置づけられるよう，実施方法を見直していく必要があると思われる。

いずれにしろ，SAでは限定的ではあるが，協働活動が実現しているといえる。

(5) 地域協働への導き―インカレ SDGs プロジェクトへの参画

学習指導要領では持続可能な社会の創り手の育成に向け，個別最適な学びと協働的な学びの一体的充実が求められている。インカレSDGsプロジェクト（Individual optimal and Collaborative Learning with cross-generations, regions, and schools for achieving SDGs）はこれを実現するプロジェクトであり，大学間の連携（インターカレッジ）で小中高生と学びを深めるイニシアティブという意味も併せ持つ。しかし，個別最適な学びに対応することは，教員だけでは対応できない。さらに，個別最適と協働的な学びとの両立は一層難しく，多様な協働先を安定的・継続的に確保することは単一の学校では困難である。

そこで本校ではこのプロジェクトに参画し，他校と合同での研究室・企業見学，体験型社会活動，創造型社会活動を利用している。また，筆者は本校のSDGsコーディネーターとして任命されており，5・6年生を中心に課題研究の相談・助言を行っている[6]。

①実習への参画

表6-4に生徒が2024年度に参加した実習を示す。以下その概要を述べる。

表6-4　生徒が参加した合同実習（2024年度前期）

参加プログラム	内容	日時
芝浦工業大学増田研究室・市川研究室見学	熱量計や照度計を用いて屋外の環境計測を行ったり，唾液アミラーゼの計測によるストレスチェックを体験。ビッグデータを駆使して感染対策のシミュレーションを体験	7月20日（土）15：00～17：30
（株）明治 坂戸工場	チョコレート製造工程見学及びSDGsの取り組み説明	8月6日（火）14：00～16：30
柏二番街商店会におけるボランティア活動	二番街に隣接する小柳町通りで行われる市民活動フェスタにおいて，子どもたちの落書きコーナーの設営や子どもたちのサポートを行う	5月19日（日）12：00～17：00
首都圏ハイテク・防災ツアー	東京駅免震構造ビル，麻布台ヒルズの防災対策，対規模商業施設ウニクス伊奈の開発経緯見学，境町の自動運転バス・ドローン配送見学，防災地下神殿，利根運河，流山おおたかの森駅前周辺見学	8月8日（木）～9日（金）の1泊2日（部分参加可）
フードバンク埼玉の食品仕分け作業とコープみらいフェスタ出展	食品ロス削減と経済的貧困者支援活動を手伝ったうえで，フードバンクの認知度向上のための企画を「コープみらいフェスタ」において行う	フードバンク仕分け作業（月1回）コープみらいフェスタ10月27日（日）
子ども食堂や学習支援教室支援とレクリエーション企画	4つの施設において，子ども食堂や小中学生・外国籍児童の学習支援教室のボランティアを実施したうえで，場合によってはレクリエーションを企画し実行する	施設A：毎土曜14：30～19：30，施設B：毎月第1火曜日17：30～19：30，施設C：毎月15日・水曜日除く平日15：30～17：30，施設D：毎水曜17：30～19：30，毎月第3土曜日
岡山次世代SDGsアクションツアーと地域活性化活動	岡山市奉還町の夜市における物品販売企画，真庭市の山村集落での子ども向け遊びの企画により，商店街活性化や過疎地域の課題解決に貢献する	7月27日（土）～29日（月）の2泊3日
静岡県三島市親水公園ベンチ設計・製作	静岡県三島市の水辺再生活動に参加したうえで，再生現場の1つである境川清住緑地において，自分たちでベンチを製作する	6月1日（土）～2日（日），9月14日（土）～16日（祝）

　柏二番街は常磐線柏駅南口に直結する千葉県柏市有数の商店街であるが，5月19日（日），二番街に隣接する小柳町通りで行われる市民活動フェスタにおいて，子どもたちの落書きコーナーの設営や子どもたちのサポートを行った。柏二番街商店会が他団体とどんな連携ができるかを探るため，出展している他の団体へのヒアリング調査を行った。参加した6年生の生徒は，「参加してみて，自分の持っていた商店街の印象がガラッと変わった。（中略）まちのつくり方や生涯学習・活動の示し方があることを知ることができたので，参加して本当によ

かったと思う。自分の考えがアップデートされた気がした」と感想を綴っていた。

　フードバンク埼玉は，埼玉県内外から食品の提供を受け，それを保管し，子ども食堂など経済的に問題のある家庭などに配布している県内最大の団体であるが，そこの倉庫に毎月第2日曜日の午前中に交代で赴き，食品の種類や賞味期限ごとに仕分けする作業や倉庫の清掃作業をお手伝いした。参加した2年生の生徒は，「私はまだ外部のボランティアに参加した経験が少なく，わからないことも多かったです。しかし，担当の方に丁寧に説明していただき，仲間がフォローしてくれたので助かりました。フードバンクのことを知ることができました。(後略)」と感想を綴っていた。

　子ども食堂や学習支援教室支援は，さいたま市内や川越市内で子ども食堂や小中学生の学習支援，子どもの居場所（遊び場）を運営する3つの団体に赴き，食事の配膳や勉強をみたり，遊び相手や話し相手になる活動を毎週水曜日夜や土曜日午後などに継続的に実施している。参加した6年生の生徒は，「子ども食堂に初めて行ったのですが，多様な人が利用できる場だということを知ることが出来ました。食を通した，人との関わりを実際に見て，食の大切さについて再実感することが出来ました。(中略)今回の活動を通して，子ども食堂が社会に与える影響を知ることができ，国内外問わずこのシステム・場を広めたいと思いました。(後略)」と感想を綴っていた。

　岡山次世代SDGsアクションツアーは7月27日から29日の2泊3日で，岡山市奉還町商店街の夜市における埼玉県の特産品のPRと販売，真庭市の余野地区の子どもたちとの川遊びなどを，高校生主体の地域づくり団体であるJKnoteとManado-deとの協働で，現地の高校生・大学生などと一緒に実施したものである。参加した5年生の生徒は，「この岡山の実習に参加してみて，たくさんの視点を得ることが出来ました。夜市での売り方の工夫，準備しなければならないことなどのビジネス関連だけでなく地域の方の温かみやコミュニティの深さなどを肌で実感出来ました。(中略)たくさんの大人の方が協力してくださり，様々な面で支えて下さるありがたさも改めて実感致しました。」と

感想を綴っていた。

　静岡県三島市親水公園ベンチ設計・製作は，NPO法人グランドワーク三島の協力で例年行っているボランティア活動を発展させたもので，2回に分けて実施された。1回目は6/1～2に，三島の水辺再生現場を散策したうえで境川清住緑地や三島梅花藻（バイカモ）の里を見学した。境川清住緑地に置くベンチのコンセプトを芝浦工大生が中心になって考え，9/14～16に再び三島市を訪れ，ベンチを製作した。大宮国際中等教育学校からは中学生4名が参加した。参加した2年生の生徒は，「（前略）三島市の地域の人々の川をきれいに戻すための活動を受けて，三島市の方々の川に対する責任感の強さについて感じられました。（後略）」「ベンチ製作では主に部品作りを担当していましたが，回数を重ねる毎に一通りの工程もわかり他の班の手助けに回ることもできました。（中略）自分の3Gに生かせる部分もあったので，個人探究を進めていきたいと思います。」などと感想を綴っていた。

② 課題研究の助言から派生した地域協働

　筆者は本校の5年生や6年生を中心に課題研究の相談に乗っているが，その際に「社会課題との連結」「研究手法」「ヒアリング先の紹介」「活動先の紹介」などを行っている。**表6-5**に2024年度前期に助言したテーマや内容を示す。

　ここでは，そこから地域協働に発展した例をいくつか紹介する。

　小学校との協働例としては，さいたま市立植水小学校に行って活動した3つのプロジェクトがあげられる。放課後クラブに通う小学生を対象に，算数謎解きクイズラリー（**図6-3**），規格外野菜の認知度向上，英語俳句の3つのプロジェクトである。私がさいたま市立植水小学校のコミュニティ・スクールに関わっていたことから，同校地域コーディネータの杉枝氏にお願いして，土曜チャレンジスクールのプログラムの1つとして入れていただくことができた。

　パラスポーツ体験（車椅子バスケ）を実施したい生徒には，植水小学校の放課後クラブや植水児童センターを紹介し，9月5日植水小学校の小学生23名，保護者5名，スタッフ5名を招いて体育館で体験を行った。このケースも植水小学校の杉枝氏と連携したことで実現した。

表 6-5　2024 年度前期に助言したテーマや内容

テーマ	社会課題との連結	研究手法助言	ヒアリング先紹介	協働先紹介	テーマ	社会課題との連結	研究手法助言	ヒアリング先紹介	協働先紹介
フードロス解決	○		○		小学生に算数の授業	○			○
パラスポーツ体験(車椅子バスケ)	○			○	病院にいる子どもに英語を教える	○			
福祉美容(障がい児の理美容など)	○		○		椅子のデザイン			○	
ニューツーリズム	○		○		子ども食堂の規格外野菜活用			○	
言語マイノリティ	○				若者の献血離れ				
宗教の社会的役割	○				規格外野菜の認知度向上				○
温泉の活性化	○			○	ユニバーサルデザインを教育に活かす	○			
音楽が記憶力の助けになるか?	○			○	英語俳句	○	○		○
小学生の楽器づくりのワークショップ	○	○			子ども食堂活動実績の助言	○			
香りと色の感じ方	○	○	○		子ども向け廃品工作				○
色覚体験	○	○		○	文化芸術都市づくり	○			

図 6-3　算数謎解きクイズラリー（2024.7.12 植水小学校にて）

　他の学校の探究グループとの協働プロジェクトが実現した例もある。色覚多様性体験についてのプロジェクトを実施したい生徒 E を，同じテーマで課題研究に取り組んでいる筑波大附属坂戸高校の生徒3名と引き合わせたところ，一緒に実施することになった。そこで SDGs 研究指定校であるさいたま市立新開小学校に働きかけ，5年生の総合的な学習の時間において4人で協力して授業を実施することができた（図6-4）。

図6-4　色覚メガネによる体験（2024.9.18 新開小学校にて）

　市民組織との協働例としては，埼玉県内の T 温泉の活性化をめざす生徒2人が，岡山市の実習に参加してプロジェクトを実践した例があげられる。具体的には（図6-5），岡山市の地域活性化グループ JKnote の協力を得て，商店街

図6-5　埼玉産品の PR と販売（2024.7.27　岡山市奉還町商店街にて）

の夜市で温泉水を用いた化粧水などの商品を持ち込んで販売した。

第5節　まとめ―都市進学校で地域協働を進めるコツ

　本章では，都市地域の特性や協働活動の特徴を整理し7つの学校について探究活動について概観したうえで，さいたま市立大宮国際中等教育学校を取り上げ，授業と協働活動の関係と生徒個人の協働活動について分析した。

　複数の学校に共通する特徴から明らかになった"地域協働を進めるコツ"について以下に述べる。

（1）先進的な都市進学校の特徴からみた地域協働を進めるコツ

①研究指定を受け，資金・人材・情報を確保する

　多くの学校がスーパー・サイエンス・ハイスクール（SSH）や，ワールド・ワイド・ラーニング（WWL）拠点校の指定を受けている。本章の事例では取り上げなかったが，ユネスコスクール認定校も特色ある協働活動を行っている学校が見られる。現場に行ったり，外部講師を招聘したり，外部で発表するには資金が必要である。したがって研究指定を受けることは資金・人材・情報を確保に有効である。

②3年間を通した課題研究のプログラムを設定する

　多くの学校が，総合的な探究の時間もしくはそれに上乗せする形で学校設定教科を設定し，学年ごとではなく，課題設定→情報収集→整理分析まとめ表現という一連のプロセスの探究のサイクルを繰り返す，切れ目ないプログラムを設定している。このことで，協働活動へと発展するまでの十分な時間を確保することが不可欠である。

③大学等の専門家とのネットワークを構築する

　多くの学校は，附属高校である強みを生かし，大学の教員を外部講師に招いた講習や，研究室に生徒が訪問し指導を仰いだり実験設備を使用させていただくなどの便宜を図ってもらっている。また筆者の運営するインカレSDGsプロ

ジェクトを利用することで，インタビューや活動先を紹介してもらったり合同実習に参加することも選択肢の1つである。

④近隣との協働にはコーディネーターを入れる

専門家以外に必要なのは，地域と学校をつなぐコーディネーターである。今回取り上げた事例ではあまり多くなかったが，小中学校レベルでは地域連携コーディネータが周辺自治会や老人会・婦人会，学童クラブや児童センターとの橋渡しを行っている例が多い。高校でも，地元の学校評議員の方につないでいただくことで，地域とのつながりが作りやすくなると考えられる。

⑤フィールドワーク（教育旅行）に探究学習の一翼を担わせる

教育旅行を従来型の画一的なものでなく，課題研究のゼミごとに目的地を変え探究学習の一部として位置づけている学校があったが，これが最も理想的である。同じ目的地に行く場合でも，プレ探究活動と位置づけたり，課題解決の協働活動を現地で行うことにより課題研究とリンクさせている事例があった。このように探究学習の一翼を担わせることが重要である。

⑥卒業生が在校生の学びや活動を支援する

多くの学校は，課題研究を経験したOB・OGに来校してもらい，在校生に助言をしてもらっている。OB・OGの年代は現役の大学生や大学院生から社会人までであるが，年齢が近いこと，自分自身が苦労したり悩んだ経験をしていることから，より相談しやすいといった側面がある。また進路やキャリアデザインの相談もできる。協働活動の面からも，OB・OGが開拓したつながりを在校生に提供することができうる点でメリットがある。

(2) 地域協働を進めるコツ—教員自身が外とつながろう

以上の6つの特徴に留意することで，都市進学校でも地域協働を進めることができる。これらはまさに，「都市進学校で地域協働を進めるコツ」を示しているといえよう。

多くの都市進学校は，定員割れで存亡の危機にある農山村の学校や非進学校と異なり，地域に関する関心が薄く，"持続可能な社会の創り手"を育んでい

るという意識が教員全体で共有されていないと感じる。最も重要なことは，教員一人ひとりが外と"つながろう"という意思を持つことであると筆者は考える。[7] 先生方のつながる姿勢の有無は，学校を訪れ面会した際，名刺を差し出されるかどうかで概ねわかる。AI やロボットが席巻する時代を生き抜くために，生徒たちは，さまざまな人とつながる術を習得しなければならない。教員の不作為により，生徒たちの協働活動の機会や人生の選択肢を奪わないで欲しいと切に願う。

【謝辞】
　本稿の作成にあたり，中央大学附属中学校高等学校の北島咲江先生・元山敬太先生，芝浦工大柏中学高等学校の須田博貴先生，筑波大学附属坂戸高等学校の渋木陽介先生・梅澤智先生，お茶の水女子大学附属高等学校の沼畑早苗先生，東京学芸大学附属国際中等教育学校の雨宮真一教頭先生，渋谷教育学園渋谷中学高等学校の高際伊都子校長先生，そして大宮国際中等教育学校の佐々木優介先生ほか 3G 教科学年主任の先生方など，多数の学校関係者の皆様に取材への協力やご助言をいただき，原稿修正に労力を割いていただいた。ここに厚く御礼申し上げる。

注

1) 総合学科は普通科，専門学科に並ぶ新たな学科として 1993 年に設置された。文部科学省「総合学科について」https://www.mext.go.jp/a_menu/shotou/kaikaku/seido/1258029.htm
2) 筑波大学附属坂戸高等学校編著 (2025)『日本初の総合学科高校は何をめざしてきたか—改革を続ける筑波大学附属坂戸高等学校の 30 年とこれから—』
3) お茶の水女子大学附属高等学校 (2024)「スーパーサイエンスハイスクール第 5 年次生徒研究成果集」
4) 大宮国際中等教育学校 (2024)「学校案内」https://www.city-saitama.ed.jp/ohmiyakokusai-h/infomation/pamphlet.pdf
5) さいたまエンジンは，企業の強みや特色，地域の課題等を発見し，企業に向けてビジネス提案を行う 15 回のプログラムである。(株) 教育と探求社がコーディネートし，2022 年度は大宮国際中等教育学校以外に市立岸中学校，浦和中学校が参画した。https://www.city.saitama.lg.jp/003/002/008/002/p098152_d/fil/2023_7_18_1.pdf
6) 詳しくは下記ホームページを参照のこと。
インカレ SDGs プロジェクト https://incollage-sdgs.site/

7）以下の文献にも同様の指摘がある。

田村学・廣瀬志保編著（2020）『「探究」を探究する―本気で取り組む高校の探究活動』学事出版，p.191.

山根俊喜ら編著（2022）『学びが地域を創る―ふつうの普通科高校の地域協働物語』学事出版，p.234.

（URL 参照日は 2024 年 9 月 29 日現在）

実践事例6

神戸大学附属中等教育学校
—Kobeプロジェクト学習と防災活動グループ による地域連携

石丸 幸勢
神戸大学附属中等教育学校 教諭

第1節　地域の中核としての役割—震災後に地域が抱える難題

　本校は活断層の近くに立地しているため阪神淡路大震災では校舎の一部が倒壊し，近隣住民30世帯が体育館等で長期避難生活を送った。また六甲山系の山腹にあるため土砂災害警戒区域に指定されており，大雨や台風接近時には数組の住民が避難してくる。

　神戸市は全小学校区192か所に地域住民で運営される防災・福祉コミュニティを設置して避難訓練や消防訓練，小学校の防災学習に協力などの活動をしているが，本校近隣地域は平均年齢約65歳と高齢化が進んでいるため迅速な安否確認や積極的な避難行動ができないという深刻な課題を抱えている。

図1　防災・福祉コミュニティの活動

また本校生徒の近隣居住率が3％を下回っているため発災時には無事帰宅させることが最優先となり，地域を支える力として本校生徒を見込めない。

　このように，今後想定されている大災害に地域住民は大きな不安を抱えているが，地域中核施設であるべき本校がその不安解消に役立っていないという現状のなか，それでも物理的な状況を変えることはできないが，防災・減災活動に取り組む生徒グループが住民の不安軽減につなげる探究活動を行っている。

第2節　Kobe プロジェクト学習―何でも話せる安心感

図2　協同学習の様子

本校は開校15年の歴史の浅い中高一貫校であるが前身の附属住吉中学校から協同学習と探究学習を特長的な学びとして受け継いでいる。協同学習は答えのない課題について「個人思考→4人グループでの意見交換→グループでまとめ→クラスで発表」の手順で進め，全教科で毎授業1回は実施している。探究学習は自由研究活動から Kobe プロジェクト学習に刷新し，1・2年生はグループで神戸を題材にしたフィールドワークを，3～6年生は個人で自由にテーマを設定しゼミ形式で探究活動に取り組んでいる。ゼミは学年縦割り約15名で問いや調査方法，分析・考察，プレゼンテーションについて活発な意見交換がなされ個々の探究活動を支えている。

　主体性と自主性も継承され，附属住吉校の「新しい価値を創造し続ける」に「価値判断が分かれる場合は決定しない」という原則が追加され，決定しないことは生徒に委ねるようになり多様性が尊重されることで服装や情報端末使用，食事場所などのルールを撤廃した。

　継承した学びと新たな校風により教育活動のすべてが生徒主体で進められ，何でも話せる安心感の中で，生徒たちは学校文化を創造し続けている。

第3節　生徒主体で進める防災・減災活動
　　　―将来の担い手育成を目指して

　本校の防災・減災活動として以下の取り組みをしているが，有志生徒10数名が月1回昼休みのミーティングで計画し，委員長会などの協力により実施している。

①校内防災学習の計画，指導，評価・
　分析

②全校避難訓練の評価・分析

③地域小中学校への防災学習出前授業

④被災地訪問研修と学校交流

またメンバーの多くは Kobe プロジェクトの防災・減災ゼミに所属して上記計画を検討し，実施後に成果を評価・分析している。研究結果は全国規模の震災フォーラムや課題研究発表会，宮城県と福島県の高校生との定期交流会で発表している。

図3　宮城での発表の様子

①校内防災学習

過去には図上避難訓練や避難所運営ゲーム，減災アクションカードゲーム，クロスロード阪神淡路大震災編などの防災学習を教室内で実施した。令和5年度は校内の避難施設設備や地域の防災課題などをクイズにし，協同学習の4人で校内を巡るクイズラリーを実施した。事後アンケートでは防災への知識だけでなく，避難所や地域の施設設備への関心も高まったことがわかった。図4はクイズの抜粋である。

---

4. **本校の停電時の電力供給は？**
　　A　なし　B　太陽光発電、最長3日間の蓄電池　C　職員室で発電する
　（解答）B
　（解説）電力供給の電源は体育教官室内にあります。体育教官室前には表示があります。確認してみて下さい！

5. **本校でまずはじめに避難所となる場所はどこでしょうか？当てはまるものは全て選んでください**
　　A　柔道場　B　第2アリーナ　C　第1アリーナ
　（解答）A、B
　（解説）柔道場や第2アリーナが主に避難所となります。ちなみに、本校はペット連れでも避難することが可能です。第2アリーナ8組、多目的室4組を想定しています。この他にも配慮が必要な方には別途対応することができます。また、避難が長期化した時の対応は、短期で簡易テントをアリーナ内に設置、長期は使用頻度の低い教室を割り当てとなっています。

図4　クイズラリー設問（抜粋）

②全校避難訓練

年2回の避難訓練は実施時期や時間，発生状況を変えて実施している。教員が計画・実施し，有志生徒は校内各所で避難行動を観察して事後アンケート結果とともに分析し評価を配信している。アンケートは学校滞在時の避難行動だけでなく，自宅や移動中に発災した場合の避難行動を考えさせる設問もあり，全校生徒のレジリエンス意識を高めることを目的に実施している。

図5　点呼後の講評

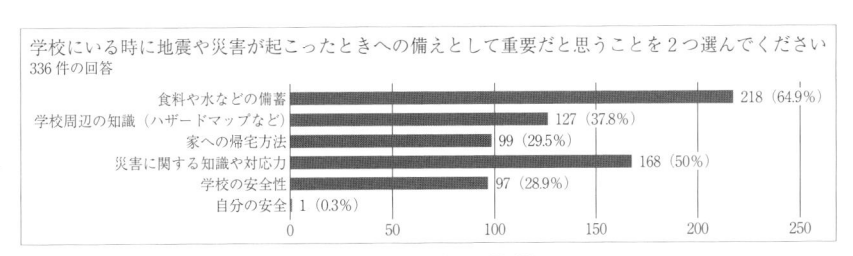

図6　アンケート集計（抜粋）

③地域小中学校への防災学習出前授業

校内で実施した防災学習プログラムや交流校と共同開発したカードゲームを，有志メンバーが近隣の小中学校に出向いて児童生徒に出前授業を行っている。図7は隣市の公立中学校に出向いて生徒会役員に指導している様子である。授業を受けた生徒会役員は地域の小学校で出前授

図7　公立中学校への出前授業

業を行った。

　図8は近隣の公立小学校2年生を対象に減災アクションカードゲームを指導している様子である。カードは宮城県の大学，高等学校と本校が連携して開発した。

　いずれの出前授業でも指導後にアンケートを実施して，教材や指導法の改善に生かしている。

図8　公立小学校への出前授業

④学校交流と被災地訪問

　探究的な学習のカリキュラムや指導は各校で異なり，それぞれに長所短所がある。また大災害は発生地域・状況により被害が異なるため防災・減災・復興もそれぞれに特徴がある。自校内の取り組みだけでは気づけないそれらの違いや特徴に気づかせる目的で学校交流や被災地訪問を実施している。

　継続的に交流している宮城県公立高校では，毎年テーマを設定して東日本大震災について探究活動をしているが，その時点で被災地域が抱えている課題をテーマにすることが多い。レジリエンスに始まり，心のケア，コミュニティ形成，孤独死，まちづくり・建築，の順で推移している。宮城県と兵庫県の防災を交流テーマから比較した生徒の探究活動で，東日本大震災と阪神淡路大震災は発災後の経過年数によって生じる課題がほぼ同じという成果を得た。

　宮城県と滋賀県の交流校協力により，宮城・滋賀・兵庫の高校生防災意識を比較した探求活動では，宮城・災害科学科，兵庫・普通科，滋賀・普通科，宮城・普通科の順で防災意識が高いことがわかった。被災経験よりも学び続けることが防災意識向上に関係すると考察している。

　これまでは東日本大震災の被災地を訪問して震災遺構見学や被災者の講話，学校交流を実施してきた。2023年度は有志生徒の要望で熊本地震の被災地を訪問し，熊本県庁と益城町役場，熊本大学，震災遺構を訪ねた。阪神淡路大震災と東日本大震災の教訓から発災以前に自治体と大学など専門機関が連携し，

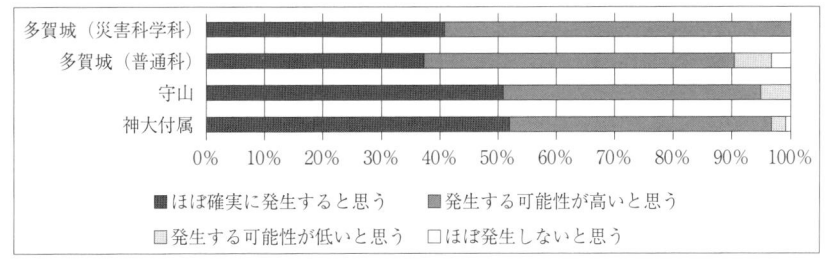

凡例:
- ■ ほぼ確実に発生すると思う
- ■ 発生する可能性が高いと思う
- □ 発生する可能性が低いと思う
- □ ほぼ発生しないと思う

縦軸項目（上から）:
- 多賀城（災害科学科）
- 多賀城（普通科）
- 守山
- 神大付属

図9　防災意識の3県比較

まちづくりの方向性や復興計画を検討していることがわかった。また震災遺構の整備も早く，復興と伝承のバランスが良いと感じた。生徒も同様に実感したことが感想から読み取れる。

【生徒感想】

・私たちももっと災害対策を「自分ごと」として考えた方が良いと思う。

・熊本では住民が町の復興に関われるようにする取り組みがあり，地域の住民と大学と自治体が繋がっていた。

・これまでの防災学習では実際に地震などが起きたときにどうするか

図10　益城町復興デザイン

を重視していたが，復興や災害時の精神面でのケアなどを学習したことはなかった。どんな街づくりや憩いの場を作るかを考える大切さを学んだ。

第4節　防災・減災における地域協働—探究活動を軸として

2022年度の地域防災・福祉コミュニティの役員会（4月）に「まちづくり」を探求テーマにした生徒が参加した。探究の対象となることに役員の大半が賛同しアンケートやインタビューに協力する確約を得たが，高齢化や立地により

コミュニティの存続が難しいという難題に直面した参加生徒は大きく動揺した。

「学校の様子がわからない」「車で避難できるのか」「避難所にペットは同伴できるか」など役員会での意見・質問を持ち帰り，避難所案内会について有志生徒らで検討し，地域

図11　避難所案内会

連携の第一歩として開催を決定した。学校の様子を感じてもらうために平日の放課後に設定したが，役員13名全員が参加してくれた。正門案内表示から避難場所への誘導，トイレ・洗面施設，洗濯設備，備蓄物資確認，ペット同伴教室，駐車場を有志生徒代表が案内し，役員一人ひとりにマンツーマンで対応した。前年度の教員による案内会では質問・意見は少なかったが，役員と生徒は終始和やかな雰囲気での会話となり，多数の質問・意見が寄せられて誘導表示の高さや文字色を変更，備蓄物資の追加など，避難所機能の改善につながった。また学校生活の様子や探究活動を大切にしていることも伝わり，役員が学校に感じていたハードルを下げることになった。

後日「スマホの災害情報の通知設定や防災・福祉コミュニティ内のLINE設定がわからない」という役員の悩みを聞き，神戸大学のまちづくりボランティア団体に相談して神戸大学生によるスマホ講習会を開催した。

今後は学校行事だけでなく通常の教育活動や探究活動の発表会も地域住民に公開することで学校への親近感を高め，持続的に探究の対象となるように生徒の地域への関心と地域の一員としての自覚を高めたい。また1・2年生の探究学習「神戸学」で地域人材を講師に招くことで相互連携を図ってゆきたい。

新渡戸文化高等学校
―授業から修学旅行まで社会と協働して見える "在り方" の変容

奥津 憲人

新渡戸文化中学校・高等学校 教諭

第1節　本物に触れる―授業から始まる地域協働

　筆者は「本物に触れ，さまざまな現場との距離を縮める」ということ最も大切にしている。都市集中の傾向が年々増大している日本において，日々の生活においてさまざまな現場との距離が離れつつある。特に第一次生産の現場はほとんど触れる機会がなく，生徒は日々食べるものや生活に用いるものがどのように手元に来るのかを知らないことが多い。そのため，学校において「現場」とつながることは重要であり，そのような実践には地域との協働は必須となる。一方，協働といっても一方的な搾取で終わってしまう事例も少なくない。現地の価値を学校に持ってくるだけでは，地域はいつか疲弊してしまうだろう。そのため，地域との協働を始める際には，まずは本物に触れることを大切にしつつ，地域の価値を高める方向性が重要である。筆者の所属する新渡戸文化中学校・高等学校は，「武士道」で知られる新渡戸稲造が初代校長を務めた女子文化高等学院（1927 年創立）を起源として，2020 年から教育の本質を見直し，「Happiness Creator」の育成を目指した自律型学習者としてのスキルを身につける学校づくりを推進している。その教育プログラムの中でも重要なものが「本物に触れる」ことであり，まさに筆者自身が重視しているものである。本稿では，筆者自身が実施した地域と協働することを目指した授業実践から，学校として取り組んでいる協働の事例と，地域の価値を高める実践について紹介する。

　通常授業における実践は，中学理科における「脊椎動物の体のつくり」およ

び高校生物基礎における「生態系」の分野で，「ストーリーのある素材」を用いることで実施した。「ストーリーのある素材」とは，素材を得る過程や，その素材自体への想いを生徒と共有できるものを指す。

　本実践においては，三重県熊野市二木島より直送していただいた魚を用いた。二木島は，人口が200人を下回り，平均年齢は70歳を超え，65歳以上の人口が72％（2024年時点）であり，いわゆる限界集落ともいわれる場所である。幼稚園や小学校・中学校は休校しており，町内にいる子どもは数名の小学生のみで，隣町まで通っている。産業としては漁業が主で，リアス式海岸の奥に位置しているため養殖や定置網漁では非常に美味しい魚が漁獲されている。一方，地球温暖化による魚種の変化や高齢化に伴う人口減少，漁業にかかる必要経費の高騰などの要因により，この漁村でも漁業を生業にする人は大きく減少している。

　本実践では，その課題に挑戦し，漁村の価値を高める活動をしている株式会社ゲイトより定置網漁で漁獲された魚を直送していただき，解剖および放課後の調理実習として実施した。中学理科においては各器官の繋がりや形の観察をし，高校生物基礎においては胃の内容物を観察することで食物連鎖について考察する内容で行った。また，授業ではこの魚がどのように漁獲されたのかを伝えるとともに，定置網漁が比較的生態系に優しい漁法であることや，漁師の減少に対してゲイトが取り組んでいることを教員から伝えたり，実際に漁師の方々と授業中にオンラインで対話したりして，「素材」の価値を高めていった（図1）。解剖したものは放課後に丁寧に調理し，実食するようにしている。その際，家庭科の教員と協力することで，教科横断的な学習にも発展することができる。使用する魚の中には，市場に出すとほとんど値段がつかない魚も多いが，実際に食

図1　現地との対話の様子

べるとその美味しさに驚く生徒も多く，「市販されていない魚にも十分に価値がある」ことを感じていた。終了後に「この魚をいくらで購入したいか」と聞くと，市場よりも高価な値段をつけるなど，実感することで価値の変容が見られていた。また，実際に二木島を訪れたいと思う生徒も生まれており，このように授業の一環で意識変容が見られたことは，日々の取り組みでも地域との協働意識が十分芽生えることを示唆しているといえる。

第2節　学校行事での連携—現地に赴くことで生まれる連携

授業では，繋がるきっかけは創出できても本質的な協働に至るのは難しい。授業の機会は多いが，そこで出会う実物は一時的なもので現地との関係性を形成するには足りない。より生徒を「現場」に接触させ，地域と協働する手段として，本校で実施している「スタディツアー」は非常に大きな成果が見えてきている。本節では，その取り組みを紹介する。

スタディツアーは，大人数で観光地を訪問し，地域にあるサービスを享受する一般の修学旅行とは異なり，「自ら選択し，旅をデザインする」ことを大切にしている（表1）。単に観光として訪れるだけでは消費と供給の一時的な関係に過ぎず，むしろその期間において生徒には「与えられない」ことに対しての不満やより上質なサービスへの欲求が生

表1　従来の修学旅行とスタディツアーの比較

	従来の修学旅行	スタディツアー
時期	1回/3年間	複数回/3年間
旅行先	1箇所	10箇所以上から生徒自身が選択
対象学年	単学年	複数学年混合
目的	思い出づくり	社会課題の視察，インターン
行程	旅行業者による行程	生徒が活動決める
エリア	東京・京都・沖縄などの都市部	限界集落をはじめとした地方部
人数	学年全員	1箇所5~10人
宿泊先	ホテル・民宿	古民家テント等
分類	消費型旅行（生徒は受け身）	未来創造型旅行（生徒が主語）

まれてしまう。より多く上質なサービスを求めて「一方的な消費者」となってしまう生徒と，その担い手の減少とともに疲弊が重なる地域との間にギャップが生まれることは想像に難くないだろう。そのズレに対して挑戦を続け，より地域と協働できる方法を考える中で，上記のようなスタディツアーを教員で，あるいは地域の方々や生徒とともに作ってきた。

　第1節でも紹介した二木島は，1年に複数回のスタディツアーを実施する場所でもある。テーマは「漁村で生きる」であり，以下のような内容で実施している。

・古民家をお借りして寝泊まりをするため，食事は自炊，寝袋を持参しての宿泊となる。
・早朝4時からの定置網漁（図2）に参加させていただき，朝食として通常の流通では値段がつきづらい魚を分けていただく。
・魚市場の見学をし，「魚種による値段の違い」を肌で感じる。

　二木島のスタディツアーでは決まって行うことは上記のみであり，何をしたいかやどんなものを見学したいかなどは生徒が自身で決める。定置網漁というこの地域ならではの文化を見つめるために住民の方にインタビューをしたり，株式会社ゲイトが販売する「魚のレトルト食」を

図2　定置網漁の様子

用いた防災レシピを検討したりと，日中は生徒ごとに自身でテーマを決めて活動を行う。この「自らデザインする」ことこそが，その後のアクションを生んでいると考えている。実際に，この地域の特産品を使った商品開発を目指したプロジェクトや，定置網漁でとられた魚を使った料理を文化祭で販売するなど，地域の価値を高めるような活動が生まれた。また，福祉の視点から街おこしを考える進路を選択したり，人々の生き方である「ウェルビーイング」について

研究する大学進学を選んだりする生徒がいた。都心では感じることができない「生きる」の本質に出会うことで，自分自身のキャリアを実感を持って選択できるため，従来の修学旅行にはない教育効果があると考えている。

　実施後の生徒アンケートでは，社会に対しての自己効力感やプロジェクトの実施についてのポイントが上昇した（図3）。もちろんこの結果はスタディツアー単独の成果ではないが，自分の興味・関心に合わせた「選択」に基づく参加だったり，まさに社会の最前線で課題に対して挑戦をしているさまざまな大人と出会ったりすることが生徒の変容に寄与していることが推察される。

　一方，このような取り組みのためには地域と一時的ではない関係性を築くことが重要である。そのためには継続的に地域に赴き，ツアーのためではない繋がりを作らなければならない。しかし，その関係性が築かれたとき，スタディツアーの次の段階が見えてきた。その事例を第3節で紹介する。

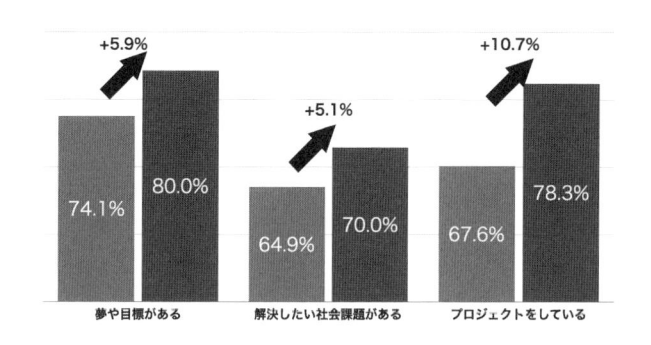

図3　スタディツアーによる生徒の変容

第3節　スタディツアーを超えた先—教育を超え，「地域を主語」にする

　スタディツアーに訪れるだけでは，地域の情報や伝統技術等を搾取しているだけに過ぎず，いつか地域は疲弊してしまう。また，学校行事として訪問し続

けていても，余所者である私たちの活動はあくまで「学びを享受する」ことであり，協働とはいえない。学びの成果を何らかの形で発信しても，それは学習の域を出ない「ごっこ」であり，地域に還元されるものは少ない。では，教育として関わる私たちが地域に対してできることは何だろうか。スタディツアーを続ける中で私たちが気づいたことは，「地域を主語にする」ことで地域の伝統継承や新しい文化創造の可能性が広がり，それが結果的に教育に繋がっているということである。最後に，その事例を紹介する。

　この事例は，「教育」として入りながら，地域の人々やその言葉に耳を傾けた生徒から始まった事例である。その生徒は，ツアーに訪れた中で現地の方々の温かさに感動し，学校に戻ってからも「二木島の皆さんに恩返しをしたい」という想いを持ち続けていた。学校の探究の時間で何ができるかを問い続け，高校2年生で再度二木島を訪れることになった。そこで，「休校になっている中学校を，防災を意識する映像ギャラリーとして活用する」というプロジェクトを企画した。この中学校は津波時の避難場所にも指定されており，この企画で中学校を訪れることになれば避難訓練にもなるのではないかと考えての実施であった。当日は階段の踊り場を会場に，プロジェクションマッピングの技法も用いながら津波到達域の予測や，各場所からの避難経路などを投影した（図4）。地域の方からは「中学校をみんなが集まる場所にできて嬉しい」という声もいただいた。また，その後には「コロナ禍で中止になったお祭りを復活させるので，そこに合わせて地域の人が集まる写真展を企画してほしい」という要望をいただくことになった。その時点で高校3年となっていた生徒は，高校卒業後にもこの地域に関わり，2024年5月にはコロナ禍で中止になっていた「ほうばい祭り」にて，写真展を実施することができた。当日は多くの地域の方が集まり，写真

図4　映像ギャラリーの様子

を見ながら昔を懐かしむ様子も見られた（図5）。また，祭りの復活をお手伝いするため後輩にあたる高校生も多く参加しており，地元の方からはぜひまたお手伝いをお願いしたいという言葉もいただいた。現在ではこの地に伝わる神話に基づく祭りの復活や，磯焼けの問題への挑戦など，新しいプロジェクトが次々と生まれている。

図5　写真展の様子

　このように本来は余所者であった私たちが地域の伝統をお手伝いすることができたのは，スタディツアーで有機的な関わりを続け，地域の声に耳を傾けた成果の一つだと感じている。

　また，「教育」という観点でも新しい視点が見えてきた。訪問時には，地元の住職の方や元中学校の先生から，街の成り立ちや過去の災害の教訓に関する講和をいただいた。その様子はまさに「授業」であり，学校がなくなった地域であっても地域の方によって「教育」が行える，まさに教育基本法の掲げる「地域の伝統や文化の継承」であった。この実践は，人口減少に向かう日本において，教育の新しい在り方につながる可能性を感じている。

　生徒が地域と協働し，社会に飛び出すと想像もつかない成長やプロジェクトが生まれることがある。また，その活動が広がると，結果的に関わるすべての大人が「先生」となり，新しい教育の在り方が見えてくる。本実践は，授業の素材を工夫したり，修学旅行を工夫したりなど，どの学校にも応用可能である。その際，あえて「教育を起点」にしないことで，結果的に地域と本質的な協働ができ，教育にも繋がる成果が見えてきた。ぜひ，多くの学校でこのような実践が広がり，日本のさまざまな地域で在り方の変容が起こることを期待したい。

第7章

地域協働の評価

中口　毅博

　地域協働の評価にはさまざまな観点があるが，ここでは，学び手の資質・能力の向上からみた評価，活動量からみた評価，「総合的な学習／探究の時間」(以下「総合学習」)の成熟度からみた評価，受け入れ側からみた評価の4つについて，その手法と結果について述べる。

第1節　評価のフレームワーク

(1) 改めて地域協働とは

①パートナーシップと地域協働

　パートナーシップとは，非営利・公益活動の分野における共通の課題領域に関して，学校と市民・企業・行政などが，目的意識を共有し，相互に自立しつつ，相手方の特性を認識・尊重して，対等関係で，協力・協調して活動していくことと定義できる。地域協働は，「パートナーシップ」と同義と考えてよいと思われる。

②地域協働の成熟度

　住民参加の成熟度を整理したものとしては，アーンスタインの「住民参加のはしご」の8段階が有名である (Arnstein, 1969)。地域協働は8段階中6段階以上，すなわち「6パートナーシップ」「7委任されたパワー」「8住民によるコントロール」が相当するが，学校と地域のそれぞれの視点で成熟度を整理すると以下のようになると考える。

　学校側：1) 地域の要請に基づく行事やイベントへの参加／2) 行事やイベン

トへの主体的参加／3) 地域のニーズに沿った活動の実践

　地域（企業）側：1) 学校での出前授業など／2) 主体性を引き出す学びの支援や実践の場の提供／3) 生徒や児童が提案した内容の実践

③地域協働の成立条件

　地域協働が成立するには，学校側は，生徒や児童が協働活動に参加できる時間や場が確保できなければならない。一方地域側は，構成員が協働活動に参加できる時間や場が確保できなければならない。

(2) 評価すべき項目

①効果測定指標の枠組み

　学校現場では資質・能力に係る3観点による学習評価に関心があると思われるが，地域協働の目的の一つは「持続可能な社会の創り手」の育成にあることから，学び手が持続可能な地域づくりにどれくらい貢献したかが重要な尺度となる。すなわち，学び手の意識・行動変容のみで測るのではなく，社会的インパクトの度合いを測る必要がある。

　そこで図7-1のような評価の枠組みが望ましいと考える。すなわち，3観点による学習評価を資質能力の自己評価を中心に設定し，社会的インパクトの評

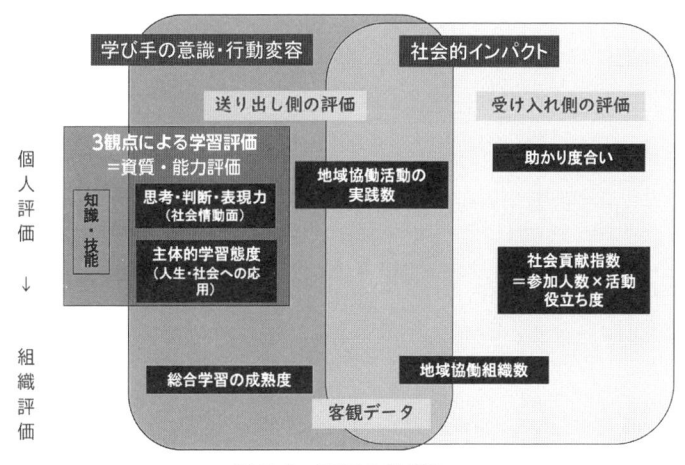

図7-1　評価の枠組み

価として社会貢献活動の実践数が考えられる。ただしこれは送り出し側の評価であるので，市民団体などの「助かり度合い」といった受け入れ側の評価も必要である。また，社会貢献指数など総合指標として数値化することもできる。

　一方評価は個人評価だけでなく，学校組織の評価も必要である。たとえば総合学習の成熟度を評価することが考えられる。

第2節　評価の実際

(1) 地域協働による学び手の意識・行動変容

　インカレ SDGs プロジェクトの合同実習に参加した筑波大学附属坂戸高等学

表 7-1　資質能力評価項目

資質能力	質問
批判的思考力	(1) 適切な情報や公平な考えに基づいて，建設的に思考・判断したり，別の案を考えたりすることができた (批判的に考える力)
計画立案力	(2) 必要な作業を予測し，計画を立てることができた
情報分析力	(3) 人・物・事・社会・自然などのつながりやひろがりを理解し，それらを多面的，総合的に分析することができた(多面的・総合的に考える力)
傾聴力	(4) 話し合いにおいて，相手の気持ちや意見を積極的に聴き出し，双方向のコミュニケーションを行うことができた
協働力	(5) 話し合いや活動に積極的に参加し，仲間と協力して作業を進めることができた
表現力	(6) 自分が調べて分かったことや自分の考えを他の人に正しく伝えることができた
社会参画力	(7) 社会での経験を十分積むことができた(例　実習，企業見学，プロジェクト等)
情報収集力	(8) 作業や活動に必要な情報を，自ら集めることができた
課題発見力	(9) 取り組んだテーマの問題や課題を見つけることができた
構想力	(10) 得られる効果や失敗の際の影響などを想定しながら，解決策を考えることができた
統率力	(11) グループの意見を調整・整理したうえで次の行動を提案・実践できた
感情制御力	(12) 気持ちの揺れをコントロールして，冷静に議論したり判断することができた
自信創出力	(13) 自分に自信を持ち，前向きに新しいことを試みることができた
行動持続力	(14) 与えられた役割や作業を主体的に実行し，最後までやりきることができた
実践力	(15) 意見を言うだけでなく，提案したことを実際に行動に移すことができた

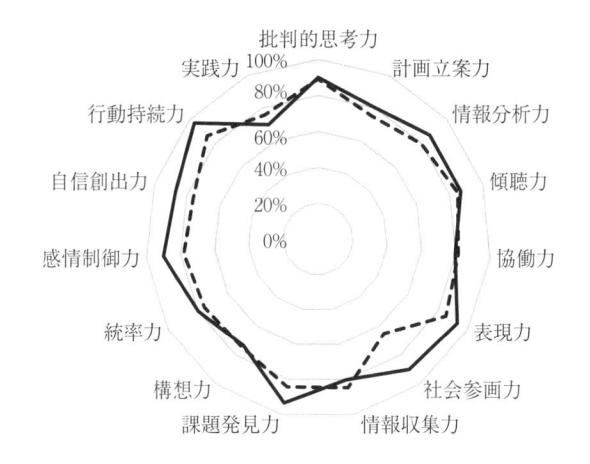

--- 地域協働活動経験なし　——— 地域協働活動経験あり

図 7-2　地域協働活動経験有無別の資質能力自己評価

校，芝浦工業大学柏中学高等学校，大宮国際中等教育学校などにおいて 2024 年 3 月に総合学習のふりかえりアンケートを実施した。**表 7-1** に示す項目について，「とてもそう思う」「そう思う」「どちらでもない」「そう思わない」「全くそう思わない」の 5 段階で自己評価してもらい，「とてもそう思う」「そう思う」の回答者比率と，合同実習での地域協働活動経験の有無と付き合わせて分析した。

　回収数は 504 で，うち地域協働活動の経験者が 30 人であった。

　その結果，ほとんどの項目で経験者が未経験者を上回り，特に社会参画力，課題発見力，構想力，感情制御力，自信創出力，行動持続力の自己評価が高いことが明らかになった。

(2) 地域協働活動の実践数

① 地域協働活動の種類

　筆者は社会活動の具体的内容について，筆者が参画した 2 つの研究プロジェクトなどを参考に，**表 7-2** のように整理した。

表 7-2　社会活動項目一覧

No	活動内容（社会系）	No	活動内容（社会系）
1	お金に困っている人や国への資金提供や寄付をする	24	差別やいじめを受けている人を励ましたり相談に乗る
2	住居のない人のための住まいや一時滞在場所の運営を手伝う	25	いじめや差別，LGBTへの偏見をなくす活動を行う
3	農作物や料理を無料で配ったり安く販売する（子ども食堂は9番目）	26	外国人の生活を支援する（ごみ出しルールや買い物の情報など）
4	食料・生活用品・医薬品などを寄付する	27	外国人と互いの国の文化体験活動などを一緒に行う
5	お勧めの病院や福祉・介護施設の情報を整理し，発信する	28	交通手段がない人を自動車で目的地まで乗せていく
6	お勧めの保育所や学校・塾，習い事の情報を整理し，発信する	29	長期間留守にする際や非常時（停電や災害発生時など）にペットの世話をする
7	病人，けが人，体調不良の人の看護・介護をする	30	非常時（停電や災害発生時など）に囲いや簡易ベッドなどの設置を手伝う
8	高齢者（親）や体の不自由な人，乳幼児などの世話をする	31	空き家や空き地の修復・維持管理を行う
9	支援が必要な子どもに食事を提供したり話し相手になる（施設訪問を含む）	32	道路・公園などの清掃・草刈り・補修・除雪作業を手伝う
10	お年寄りや障がい者の見守りや送迎を行う	33	集会所や公民館の清掃・補修・除雪などの作業を手伝う
11	ウォーキングや体操などスポーツや健康づくり活動を一緒に行う	34	窃盗など犯罪の見張り・見回りを手伝う
12	お年寄りや障がい者の話し相手になる（施設の訪問含む）	35	DV（家庭内暴力）やセクハラの被害に遭っている人を励ましたり相談に乗る
13	料理や工芸品などの作り方をを教える，または教えてもらう	36	平和維持・反戦活動に参加したり，寄付する
14	外国人や海外に住む人々の医療・健康・福祉を支援する	37	戦争から逃れてきた人（難民）や紛争地域に住む人の生活支援をする・寄付する
15	他人の子どもに勉強を教えたり，遊んだり，見守りをする	38	最近引っ越してきた人の世話をしたり交流する
16	教養・学習講座・研修などの講師を務める	39	墓参りや法事に参加する（個人的な参加を含む）
17	支援が必要な子どもへ文房具などを贈る・買うお金を寄付する	40	同窓会に参加したり母校を訪問する（個人的な参加を含む）
18	女性の生理用品を提供する	41	献血や髪の毛などを提供する（ドナー登録のみは除く，個人的な参加を含む）
19	女性の差別解消や働く女性を支援する	42	鬱などの精神疾患がある人，引きこもりや不登校の人を励ましたり相談に乗る
20	非常時（停電や災害発生時など）に飲料水や飲み物を提供する	43	手話や点字を覚えたり，それを使って視覚・聴覚障がいのある人と会話する
21	非常時（停電や災害発生時など）に充電器や発電機を提供する		
22	英語など外国語の通訳や翻訳を行う		
23	法律や公的な制度についての相談に乗る		

No	活動内容（環境・経済系）	No	活動内容（環境・経済系）
44	農作業や森での作業・労働を行う	68	新たな仕事（会社）を始める（起業する）
45	農産物の加工や農産加工品の販売を手伝う	69	新商品や新技術開発を行う
46	飲食店や飲食コーナーの運営を手伝う	70	他人のパソコンや家電製品のトラブルを解決してあげる（個人での実施は除く）
47	観光客や修学旅行者を家に泊める（自分の家での実施を含む）	71	他人の壊れた家具や自転車を修理してあげる（個人での実施は除く）
48	学校や病院，福祉施設などの施設建設や伝統的建築物保存のための資金を寄付する	72	防災マップ・防犯マップや防災・防犯グッズを製作したり，その活動に寄付する
49	非常時（停電や災害発生時など）にトイレ，入浴設備の提供や設置を手伝う	73	火事・事故や災害発生時の消火・救護避難・活動を行う
50	河川・水路・池・側溝等の清掃・補修作業を行う	74	災害発生後の復旧活動を手伝う（災害ボランティア活動）
51	非常時（停電や災害発生時など）に雨水や処理水などの未利用水を提供する	75	自分の家以外の花や木の栽培・植樹や手入れを手伝う
52	途上国の上下水道設備の設置を手伝ったり，資金を寄付する	76	非常時（停電や災害発生時など）に炊き出しや生活用品の配布を手伝う
53	節電や省エネ活動に参加する（授業や課外活動のみ，自宅での実施は除く）	77	自分の家以外のごみの分別・運搬・廃棄を手伝う
54	太陽光発電や風力発電，小水力発電など自然エネルギー設備に出資する	78	店や工場で発生する不要品で日用品や美術品などを作る
55	太陽光パネルや風車，水力発電装置などの設備を作ったり維持管理する	79	余り食材・賞味期限切れ前の食材を寄付する
56	お勧めの名産品や販売店の情報を整理し，発信する	80	廃品回収やリサイクル活動を行う・参加する
57	他人が就職したり，転職したりする際に推薦状を書く（個人的な実施を含む）	81	動物愛護・保護活動や，野生の動植物の観察に参加したり寄付する
58	他人に仕事や就職先（パート，アルバイトを含む）を紹介する	82	海辺の清掃・維持管理する活動を行う・参加する
59	観光客・訪問者に現地を案内したり説明する（観光ガイド）	83	プラスチックの製品や包装を使わない活動を行う・参加する
60	名産品やB級グルメの店を整理し，発信する	84	まちの理想像や将来計画づくりを行う・参加する
61	企業や商店・公共施設での就労体験（インターンシップ）を行う	85	音楽や劇，ダンス・踊り，郷土芸能，その他パフォーマンスを人前で行う
62	地場産品や伝統工芸品などの開発・販売を行う・手伝う	86	地域の伝統的な祭りや行事へ参加する
63	地域情報をスマホやブログ，放送，新聞等で発信する	87	歴史的・伝統的な建築物や遺産を修理したり，掃除する活動に参加する
64	名所や特産品，地域特徴的な活動を宣伝するイベントを企画・運営する	88	自分が描いた絵，彫刻，アニメなどを人目に触れる場に置く
65	不当労働行為や過重労働をなくす運動に参加する	89	芸術作品や音楽を作り公表する
66	お金に関するアドバイス（保険や投資，借金など）をする	90	学校の土地・建物を，行政やNPO法人に無料で貸す
67	パソコンやWifiルータ，スマホなどの情報機器を貸す（個人での実施は除く）		

2022年3月22日に全国の25歳以下の学生400人を対象にWEB調査を行い，90種類の社会活動の経験を小学時代，中学時代，高校時代，大学時代と分けて尋ねた。

図7-3に1人あたり社会活動実施数を校種ごとに集計したものを示した。このように，小学生の時が3.9と最も大きく，中学生2.9，高校生2.6，大学生1.2と徐々に低下する。このことから，地域に密着した小学校ほど地域協働が実現しているが，年齢が高くなると地域とのかかわりが薄れていることがわかる。

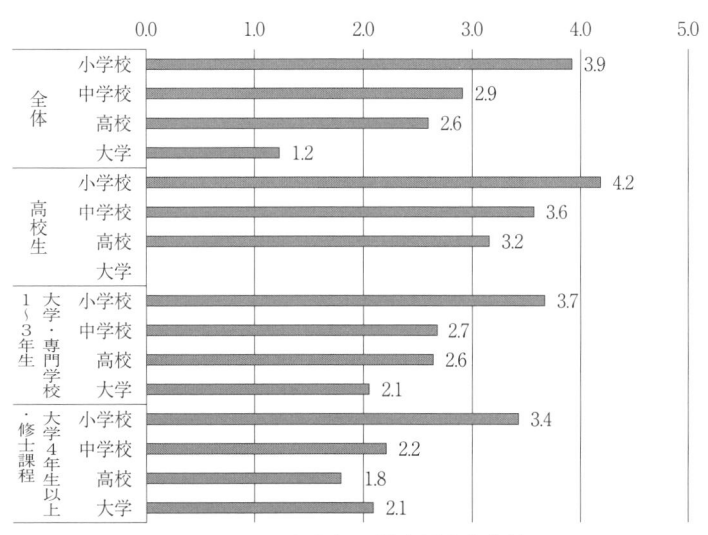

図7-3　1人あたり社会活動実施数

一方，現在大学4年生以上の高校時代の実施数は1.8で，大学1～3年生で2.6，現役の高校生で3.2となっている。したがって昔に比べ現役高校生が最も活動経験が豊富であることから，近年ほど探究学習が充実し地域連携型学びが浸透してきていることがわかる。

高校時の活動内容について，実施率の大きい順に社会活動を並べたものが**図7-4**である。また，**図7-5**に専門科別1人あたり地域協働活動実施数を示した。通っていた高校を普通科と，農林水産業などの産業系専門科等と，理数科，英

語科，体育科，音楽科などの文化系専門科等の3つに分けて集計すると，活動数にそれほど大きな差は見られない。

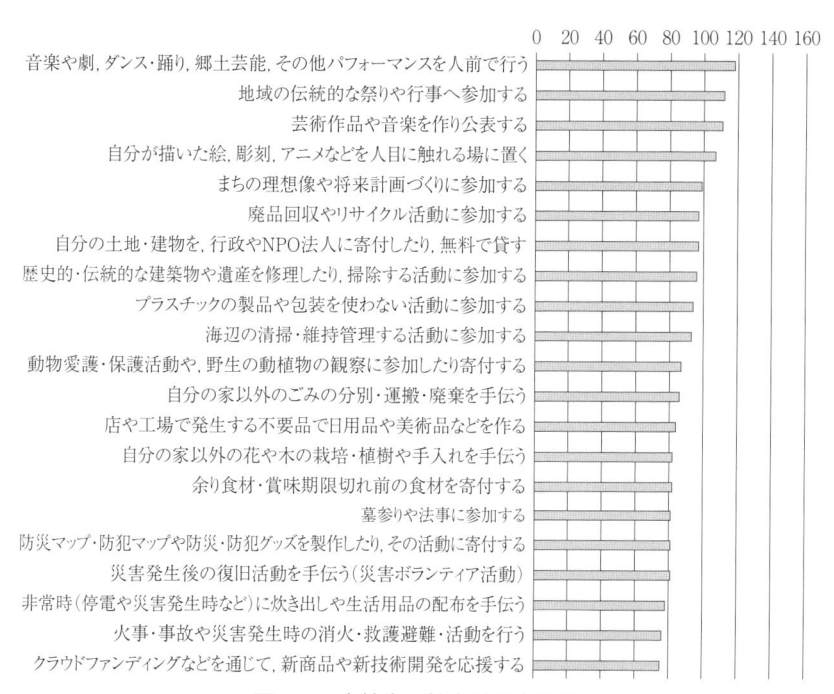

図7-4　高校生の社会活動実施数

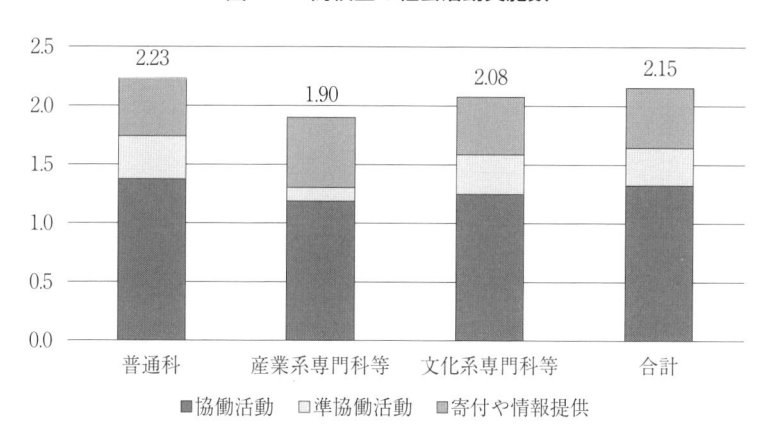

図7-5　専門科別1人あたり地域協働活動実施数

(3) 総合学習の成熟度からみた評価

① 総合学習の実態

同様に中高時代の総合学習の内容について WEB アンケートを実施した。学校サイドでなく，個人に聞くことで，学んだことを記憶しているかどうかという学び手側のフィルターがかかっている点が従来の調査と異なる。

② 総合学習の内容

図7-6 に総合学習の内容別実施率について示した。修学旅行準備とキャリア学習が多いことがわかる。

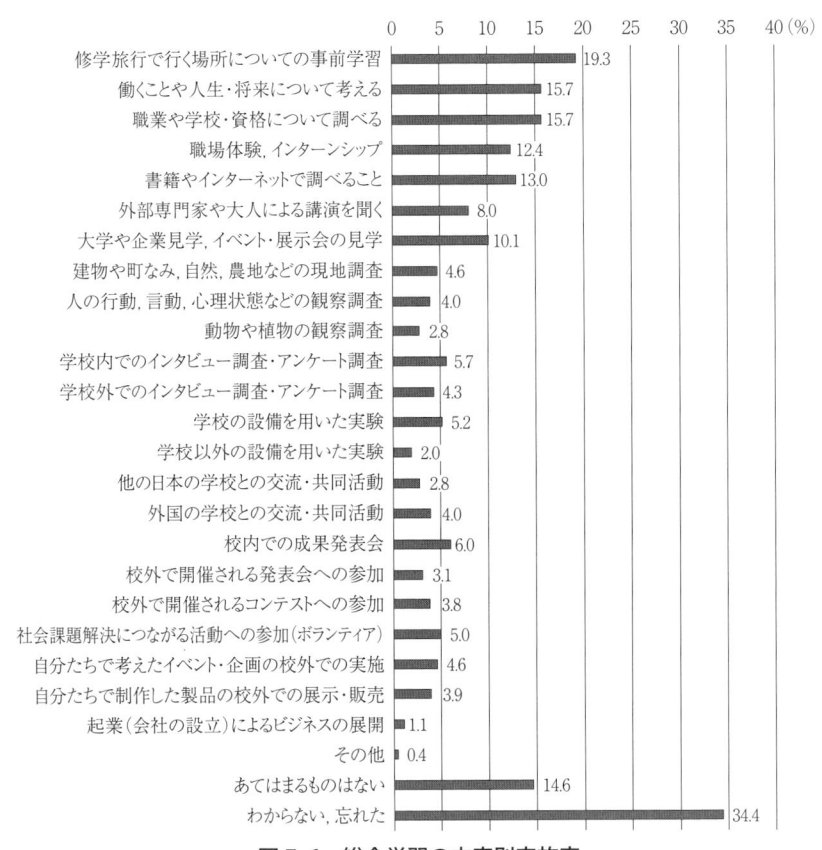

図 7-6　総合学習の内容別実施率

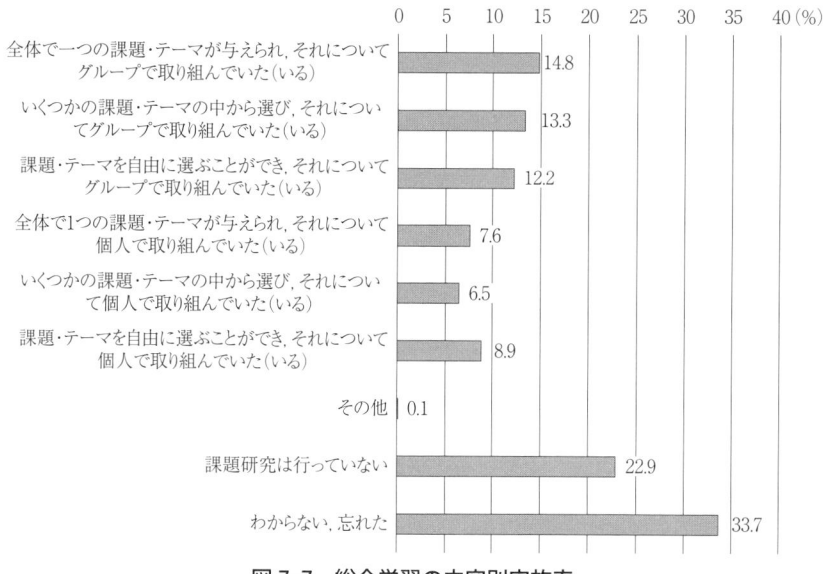

図7-7　総合学習の内容別実施率

③ 中高時代の課題研究の方法

次に中高時代の課題研究の方法について，**図7-7**に示した。この結果から言えることは，半分程度の回答者が課題研究をやっていない，または記憶にないと回答していることである。実施している場合は，グループ＞個人，一つのテーマ＞複数テーマ＞自由の順に多くなっている。

④ 地域協働と総合学習の関係

表7-3に総合学習の内容別の活動実施率を示す。

これをみると，校外活動や実験系学習が協働活動に繋がっていることがわかる。一方，修学旅行・キャリア教育や単なる調べ学習の効果は薄いことがわかる。

⑤ 地域協働の評価

以上のことから，総合的な探究の時間において，課題研究を実施したほうが活動につながっていることが明らかになった。また，テーマを自由に設定した方が活動に繋がっている。

表 7-3 総合学習の内容別の活動実施率

	2019年4月から現在までの5年間で、1回でも経験したり参加したことのある「集団活動」「人助け」「経済活性化」「環境保全」「まちづくり」に貢献する取り組みを次の中からすべて選んで下さい。(MA)	合計	修学旅行で行く場所についての事前学習	働くことや人生・将来について考える	職業や学校・塾、資格について調べる	職場体験、インターンシップ	書籍やインターネットで調べること	外部専門家や大人による講演を聞く
	全体	100%	100%	100%	100%	100%	100%	100%
1	お金に困っている人や国への資金提供や寄付をする	8%	12%	11%	12%	10%	10%	12%
2	住居のない人に住まいや一時滞在場所を提供する	2%	2%	3%	4%	3%	3%	4%
3	野菜や料理のおすそ分けをする	5%	5%	8%	8%	13%	10%	7%
4	食料・生活用品などを寄付する	4%	7%	6%	7%	6%	6%	9%
5	お勧めの病院や福祉・介護施設の情報を教える	4%	6%	6%	5%	5%	9%	8%
6	お勧めの保育所や学校・塾、習い事の情報を教える	6%	9%	9%	10%	10%	16%	11%
7	病人、けが人、体調不良の人の看護・介護をする	6%	12%	10%	11%	10%	14%	13%
8	高齢者(親)や体の不自由な人、乳幼児などなどの世話をする	5%	7%	4%	7%	9%	6%	9%
9	医薬品や健康器具を寄付・提供する	1%	2%	2%	4%	2%	4%	7%
10	お年寄りや障がい者の見守りや送迎を行う	2%	4%	3%	5%	4%	6%	7%
11	ウォーキングや体操などスポーツや健康づくり活動を一緒に行う	7%	10%	9%	14%	12%	11%	11%
12	お年寄りや障がい者の話し相手になる	6%	9%	10%	11%	10%	13%	12%
13	料理や工芸品などの作り方をを教える、または教えてもらう	4%	7%	5%	8%	11%	10%	9%
14	外国人や海外に住む人々の医療・健康・福祉を支援する	1%	2%	2%	3%	3%	3%	5%
15	子どもに勉強を教えたり、遊んだり、見守りする	10%	17%	15%	22%	24%	18%	22%
16	教養・学習講座・研修などの講師を務める	2%	4%	4%	7%	4%	5%	7%
17	途上国の子どもへの文房具などを贈る・買うお金を寄付する	2%	3%	3%	5%	5%	4%	5%
18	女性の生理用品を提供する	1%	3%	2%	5%	3%	4%	5%
19	女性の差別解消や働く女性を応援する	1%	2%	2%	3%	4%	3%	4%
20	非常時(停電や災害発生時など)に飲料水や飲み物を提供する	1%	2%	2%	5%	4%	5%	5%
21	非常時(停電や災害発生時など)に充電器や発電機を提供する	1%	2%	2%	3%	2%	4%	4%
22	英語など外国語の通訳や翻訳を行う	2%	4%	4%	4%	4%	4%	5%
23	法律や公的な制度についての相談に乗る	2%	3%	4%	5%	4%	6%	5%
24	差別やいじめを受けている人を励ましたり相談に乗る	2%	6%	6%	7%	6%	6%	7%
25	いじめや差別、LGBTへの偏見をなくす活動を行う	2%	6%	4%	7%	5%	5%	8%
26	外国人の生活を支援する(ごみ出しルールや買い物の情報など)	1%	2%	2%	3%	2%	3%	3%
27	外国人と互いの国の文化体験活動などを一緒に行う	1%	2%	2%	4%	3%	4%	4%
28	交通手段がない人を自動車で目的地まで乗せていく	1%	3%	2%	4%	4%	4%	5%
29	長期間留守にする際や非常時(停電や災害発生時など)にペットの世話をする	0%	2%	2%	3%	2%	3%	3%
30	非常時(停電や災害発生時など)に囲いや簡易ベッドなどの設置を手伝う	1%	2%	2%	3%	2%	3%	4%
31	空き家や空き地の修復・維持管理を行う	1%	2%	2%	3%	2%	3%	4%
32	道路・公園などの清掃・草刈り・補修作業を手伝う	4%	8%	6%	8%	6%	9%	9%
33	集会所や公民館の清掃・補修などの作業を手伝う	1%	2%	2%	4%	2%	5%	4%
34	窃盗など犯罪の見張り・見回りを手伝う	1%	2%	2%	3%	3%	3%	3%
35	DV(家庭内暴力)の被害や性被害に合っている人を励ましたり相談に乗る	1%	2%	2%	4%	3%	4%	4%
36	平和維持・反戦活動に参加したり、寄付する	2%	4%	4%	4%	4%	4%	4%
37	戦争から逃れてきた人(難民)や紛争地域に住む人の生活支援をする・寄付する	1%	2%	2%	4%	4%	4%	4%
38	最近引っ越してきた人の世話をしたり交流する	1%	2%	2%	3%	3%	3%	3%
39	墓参りや法事に参加する	10%	13%	16%	12%	17%	15%	13%
40	同窓会に参加したり母校を訪問する	5%	9%	7%	8%	13%	9%	11%
41	献血や髪の毛などを提供する(ドナー登録のみは除く、個人的な参加を含む)	4%	7%	8%	8%	11%	10%	12%
42	鬱などの精神疾患がある人、引きこもりや不登校の人を励ましたり相談に乗る	4%	7%	7%	7%	10%	9%	8%
43	手話や点字を覚えたり、それを使って視覚・聴覚障がいのある人と会話する	3%	5%	4%	8%	6%	6%	9%
44	農作業や森での作業・労働を行う	7%	8%	10%	10%	12%	5%	9%
45	農産物の加工や農産加工品の販売を手伝う	3%	5%	5%	7%	4%	4%	5%
46	飲食店や飲食コーナーの運営を手伝う	6%	12%	10%	12%	10%	11%	9%
47	観光客や修学旅行者を家に泊める(民泊)	2%	2%	2%	4%	2%	3%	4%
48	海外での水道や建物建設、農産物やものづくりを支援する	4%	3%	6%	7%	5%	8%	9%
49	非常時(停電や災害発生時など)にトイレ、入浴設備の提供や設置を手伝う	3%	3%	4%	4%	6%	4%	7%
50	河川・水路・池・側溝等の清掃・補修作業を行う	5%	3%	6%	9%	11%	14%	12%
51	非常時(停電や災害発生時など)に雨水や処理水などの未利用水を提供する	1%	2%	2%	4%	2%	4%	4%
52	途上国の上下水道設備の設置を手伝ったり、資金を寄付する	2%	2%	2%	1%	1%	3%	4%
53	節電や省エネ活動に参加する	9%	17%	11%	15%	18%	14%	14%
54	太陽光発電や風力発電、小水力発電など自然エネルギー設備に出資する	1%	1%	2%	1%	2%	3%	3%
55	太陽光パネルや風車、水力発電装置などの設備を作ったり維持管理する	1%	3%	2%	3%	2%	3%	3%
56	お勧めの名産品や販売店の情報を教える	3%	6%	7%	5%	11%	9%	7%
57	就職したり、転職したりする際に推薦状を書く	0%	1%	1%	1%	1%	1%	1%
58	仕事や就職先(パート、アルバイトを含む)を紹介する	3%	5%	6%	10%	6%	6%	5%
59	観光客・訪問者に現地を案内したり説明する(観光ガイド)	2%	3%	4%	4%	4%	4%	4%

大学や企業見学・イベント・展示会の見学	農地や町なみ、建物などの現地調査	人の行動・言動・心理状態などの観察調査	動物や植物の観察調査	学校外でのインタビュー調査・アンケート調査	学校内でのインタビュー調査・アンケート調査	学校の設備を用いた実験	学校以外の設備を用いた実験	他の日本の学校との交流・共同活動	外国の学校との交流・共同活動	校内での成果発表会	校外で開催される発表会への参加	校外で開催されるコンテストへの参加	社会課題解決につながる活動への参加	自分たちで考えたイベント・企画の校外での実施	自分たちで制作した製品の校外での展示・販売	起業(会社の設立)によるビジネスの展開	いずれも実施していない
100%	100%	100%	100%	100%	100%	100%	100%	100%	100%	100%	100%	100%	100%	100%	100%	100%	100%
22%	20%	15%	7%	11%	11%	13%	14%	6%	12%	9%	10%	15%	9%	9%	8%	4%	5%
9%	10%	12%	4%	5%	7%	17%	9%	2%	3%	5%	4%	4%	4%	5%	4%	0%	1%
9%	17%	8%	8%	18%	9%	13%	14%	11%	8%	9%	8%	7%	11%	9%	4%	8%	2%
13%	10%	12%	7%	11%	7%	8%	9%	6%	9%	7%	8%	11%	5%	7%	4%	0%	0%
13%	13%	15%	5%	7%	9%	13%	9%	4%	5%	7%	4%	9%	11%	7%	8%	0%	3%
13%	7%	15%	12%	14%	11%	13%	11%	13%	11%	12%	6%	13%	11%	5%	8%	0%	3%
19%	13%	19%	11%	9%	11%	13%	9%	11%	13%	9%	13%	9%	9%	7%	8%	0%	1%
6%	7%	8%	10%	7%	4%	8%	14%	6%	4%	7%	4%	7%	11%	11%	4%	0%	3%
6%	7%	8%	5%	6%	4%	8%	6%	4%	3%	5%	4%	4%	5%	5%	4%	0%	0%
9%	7%	12%	4%	5%	4%	13%	9%	4%	5%	7%	4%	9%	7%	5%	8%	0%	1%
16%	17%	15%	11%	11%	17%	13%	14%	9%	9%	9%	6%	9%	9%	11%	8%	8%	2%
9%	7%	12%	14%	9%	9%	8%	11%	6%	7%	7%	6%	13%	5%	7%	4%	4%	3%
6%	13%	19%	14%	11%	4%	8%	17%	11%	7%	7%	8%	11%	11%	11%	4%	4%	0%
6%	7%	8%	5%	4%	4%	8%	6%	2%	4%	4%	4%	4%	4%	5%	4%	0%	0%
19%	20%	15%	22%	14%	26%	17%	9%	23%	14%	16%	15%	18%	12%	14%	8%	0%	4%
6%	10%	8%	5%	5%	9%	8%	6%	2%	4%	7%	4%	7%	4%	5%	4%	0%	2%
9%	13%	8%	7%	5%	4%	8%	9%	2%	3%	9%	4%	5%	5%	7%	4%	0%	0%
6%	7%	8%	5%	5%	4%	8%	6%	2%	4%	7%	4%	5%	5%	5%	4%	0%	1%
6%	10%	8%	4%	7%	4%	8%	4%	4%	7%	5%	6%	4%	4%	5%	4%	0%	0%
9%	7%	12%	3%	7%	4%	8%	6%	2%	5%	5%	4%	5%	5%	5%	8%	0%	1%
13%	10%	15%	7%	9%	7%	13%	9%	4%	7%	12%	8%	9%	7%	7%	12%	0%	1%
6%	7%	8%	4%	5%	4%	8%	9%	2%	4%	5%	4%	5%	4%	5%	4%	0%	0%
9%	7%	12%	3%	5%	4%	8%	6%	2%	4%	5%	4%	5%	5%	5%	8%	0%	1%
9%	7%	15%	3%	5%	6%	8%	6%	2%	5%	5%	6%	5%	5%	7%	8%	0%	0%
6%	7%	8%	3%	5%	4%	8%	6%	2%	3%	5%	4%	4%	4%	5%	4%	0%	1%
6%	10%	12%	3%	7%	4%	8%	6%	4%	4%	5%	8%	4%	4%	7%	4%	0%	1%
13%	10%	8%	7%	7%	13%	8%	11%	9%	12%	10%	11%	9%	9%	5%	4%	4%	2%
9%	7%	8%	5%	7%	4%	8%	9%	4%	5%	7%	4%	4%	4%	5%	4%	0%	0%
6%	7%	8%	3%	7%	4%	8%	9%	2%	3%	5%	4%	4%	4%	5%	4%	0%	1%
6%	7%	8%	4%	7%	8%	8%	9%	2%	5%	5%	4%	4%	4%	5%	4%	0%	1%
9%	7%	12%	3%	7%	4%	8%	6%	2%	4%	5%	6%	5%	5%	5%	8%	0%	1%
6%	10%	12%	3%	7%	4%	8%	6%	4%	4%	5%	8%	4%	4%	7%	4%	0%	1%
13%	10%	15%	9%	9%	15%	8%	23%	15%	17%	16%	17%	15%	16%	16%	8%	4%	7%
13%	7%	19%	8%	5%	7%	13%	17%	9%	8%	7%	6%	9%	11%	9%	8%	8%	3%
19%	13%	19%	11%	11%	11%	13%	9%	11%	12%	12%	13%	11%	7%	11%	8%	0%	1%
9%	10%	12%	10%	7%	4%	13%	17%	4%	8%	7%	4%	11%	12%	11%	8%	0%	3%
9%	7%	12%	8%	5%	9%	8%	6%	9%	5%	7%	4%	9%	7%	7%	8%	0%	0%
16%	13%	15%	8%	16%	13%	21%	9%	6%	8%	9%	13%	11%	5%	4%	4%	0%	3%
13%	10%	15%	5%	7%	9%	13%	6%	4%	4%	5%	4%	5%	5%	12%	4%	0%	2%
13%	17%	12%	12%	11%	15%	13%	9%	21%	12%	14%	8%	13%	9%	7%	8%	4%	2%
6%	7%	8%	7%	4%	8%	9%	6%	4%	5%	6%	5%	7%	5%	5%	4%	0%	0%
13%	13%	12%	4%	9%	7%	13%	9%	9%	5%	2%	5%	4%	5%	2%	8%	4%	1%
6%	10%	12%	3%	5%	4%	13%	3%	2%	4%	5%	4%	5%	2%	4%	4%	0%	1%
22%	13%	15%	8%	11%	11%	17%	9%	11%	7%	7%	10%	7%	5%	2%	8%	4%	0%
9%	3%	8%	5%	7%	2%	4%	3%	4%	4%	5%	2%	5%	5%	2%	8%	0%	0%
6%	7%	4%	3%	9%	4%	4%	3%	6%	3%	2%	4%	2%	2%	2%	4%	4%	1%
13%	17%	15%	15%	7%	17%	8%	14%	13%	9%	16%	10%	11%	18%	16%	12%	8%	3%
3%	3%	4%	3%	9%	2%	4%	3%	4%	3%	2%	2%	2%	2%	2%	4%	0%	0%
3%	3%	4%	2%	7%	4%	3%	2%	1%	2%	2%	2%	2%	2%	2%	4%	0%	0%
6%	7%	8%	8%	7%	2%	8%	11%	9%	4%	9%	8%	7%	11%	11%	4%	0%	0%
6%	3%	4%	3%	5%	2%	4%	3%	4%	1%	5%	2%	2%	2%	2%	4%	0%	0%
16%	13%	12%	8%	7%	13%	13%	6%	11%	4%	7%	6%	5%	5%	5%	8%	4%	0%
6%	7%	12%	4%	2%	4%	4%	6%	6%	4%	2%	2%	4%	2%	2%	4%	4%	0%

No.	項目							
60	名産品やB級グルメの店を教える	2%	6%	3%	3%	6%	5%	4%
61	企業や商店・公共施設での就労体験（インターンシップ）を行う	1%	2%	3%	5%	4%	1%	4%
62	地場産品や伝統工芸品などの開発・販売を行う	1%	2%	2%	4%	2%	3%	5%
63	地域情報をスマホやブログ、放送、新聞等で発信する	2%	2%	2%	4%	2%	4%	5%
64	名所や特産品、地域特徴的な活動を宣伝するのイベントを企画・運営する	1%	3%	3%	4%	3%	3%	5%
65	不当労働行為や過重労働をなくす運動に参加する	1%	1%	1%	1%	1%	1%	1%
66	お金に関するアドバイス（保険や投資、借金など）をする	1%	1%	1%	3%	1%	1%	3%
67	パソコンやWifiルータ、スマホなどの情報機器を貸す	2%	2%	2%	4%	2%	3%	4%
68	新たな仕事（会社）を始める（起業する）	1%	1%	1%	1%	1%	3%	1%
69	AIやロボット活用のアイデアを考えたりシステムを開発する	1%	1%	1%	2%	2%	1%	1%
70	パソコンや家電製品のトラブルを解決する	3%	4%	2%	1%	5%	6%	3%
71	壊れた家具や自転車を修理する	2%	4%	4%	3%	3%	6%	3%
72	防災マップ・防犯マップ製作など地域の安全性調査を行う	1%	2%	2%	1%	1%	1%	3%
73	防災・防犯グッズを製作したり、その活動に寄付する	1%	2%	2%	3%	1%	3%	4%
74	災害や火事・事故発生時の避難・救護・復旧活動を手伝う	0%	1%	1%	1%	1%	1%	1%
75	自分の家以外の花や木の栽培・植樹や手入れを手伝う	1%	2%	2%	3%	3%	3%	3%
76	非常時（停電や災害発生時など）に炊き出しや生活用品の配布を手伝う	2%	2%	2%	7%	4%	4%	5%
77	自分の家以外のごみの分別・運搬・廃棄を手伝う	2%	4%	3%	7%	6%	8%	4%
78	店や工場で発生する不要品で日曜品や美術品などを作る	1%	1%	1%	3%	1%	1%	3%
79	余り食材・賞味期限切れ前の食材を寄付する	1%	2%	2%	3%	3%	1%	4%
80	廃品回収やリサイクル活動に参加する	3%	6%	5%	7%	8%	8%	7%
81	野生の生物を観察したり保護する活動に参加する	2%	3%	2%	1%	3%	5%	3%
82	海辺の清掃・維持管理する活動に参加する	2%	3%	4%	5%	5%	5%	7%
83	プラスチックの製品や包装を使わない活動に参加する	1%	2%	2%	4%	2%	3%	4%
84	まちの理想像や将来計画づくりに参加する	1%	2%	2%	2%	2%	3%	3%
85	音楽や劇、郷土芸能、ストリートパフォーマンスなどを人前で行う	2%	5%	4%	1%	8%	5%	4%
86	地域の伝統的な祭りや行事へ参加する	5%	10%	9%	7%	9%	8%	5%
87	歴史的遺産・建築物を保護する活動を行う	1%	1%	1%	1%	3%	1%	1%
88	自分が描いた絵、彫刻、アニメなどを人目に触れる場に置く	2%	3%	2%	4%	3%	5%	5%
89	芸術作品や音楽を作り、人目に触れる形で公表する	2%	4%	3%	1%	4%	4%	5%
90	学校の土地・建物を、行政やNPO法人に無料で貸す	0%	1%	1%	1%	1%	1%	1%

網掛け：上位10位まで

（4）受け入れ側からみた地域協働の評価

インカレSDGsプロジェクトでは実習を受け入れた側へのアンケートを実施することで，実習に参加した高校生・大学生がどれだけ地域貢献したかを把握している。ここでは2023年度と2024年度に行った実習の受け入れ先へのアンケートの結果を紹介する。回答数は延べ30であった。団体の代表というよりは個人の見解として回答していただいた。協働活動の評価は，ここでは「助けになったか」「励みになったか」という共通の聞き方にした。

①協働活動の評価

「今回参加した中高生や大学生は，貴組織の活動の助けにどの程度なりましたか」という質問に対し，50％にあたる15団体・個人が「大いに助けになった（大いに励みになった）と答えており，「かなり助けになった（かなり励みになった）」の20％を合わせると評価する回答は7割となった（図7-8）。

②コミュニケーション量

「大学生や中高生と話すことはできましたか？」という問いに対して，43％

6%	7%	8%	8%	5%	4%	4%	11%	4%	3%	7%	4%	5%	9%	11%	4%	0%	1%
3%	3%	4%	3%	2%	4%	8%	3%	2%	1%	7%	4%	5%	2%	2%	4%	0%	0%
3%	3%	4%	1%	2%	2%	8%	9%	2%	3%	5%	2%	4%	4%	2%	4%	0%	0%
6%	7%	4%	1%	5%	4%	4%	6%	4%	3%	5%	4%	5%	4%	2%	4%	4%	0%
6%	3%	4%	3%	5%	4%	4%	6%	2%	1%	7%	6%	7%	2%	2%	4%	0%	0%
3%	3%	4%	1%	5%	2%	4%	3%	2%	3%	2%	4%	2%	2%	2%	4%	0%	0%
6%	3%	4%	1%	5%	2%	4%	6%	2%	3%	2%	4%	4%	2%	2%	4%	0%	0%
6%	3%	8%	3%	7%	2%	4%	6%	2%	3%	5%	4%	5%	7%	5%	4%	0%	1%
3%	7%	4%	1%	5%	2%	4%	3%	4%	4%	2%	6%	4%	2%	2%	4%	0%	1%
3%	7%	4%	1%	5%	2%	4%	3%	4%	4%	2%	4%	2%	2%	2%	4%	0%	0%
3%	7%	4%	4%	7%	4%	4%	3%	9%	7%	5%	6%	4%	2%	8%	0%	0%	2%
6%	7%	15%	4%	5%	7%	8%	3%	4%	1%	5%	4%	2%	2%	7%	4%	0%	0%
6%	7%	4%	1%	2%	7%	4%	3%	4%	3%	2%	2%	2%	2%	4%	4%	4%	0%
9%	10%	8%	3%	9%	9%	8%	9%	6%	4%	5%	6%	4%	4%	5%	8%	4%	0%
6%	7%	4%	1%	2%	4%	4%	3%	4%	3%	2%	2%	4%	4%	2%	4%	4%	0%
3%	3%	4%	3%	2%	4%	4%	3%	4%	3%	7%	2%	4%	2%	4%	4%	0%	0%
9%	7%	8%	4%	7%	2%	4%	6%	4%	5%	2%	4%	4%	5%	2%	8%	0%	0%
3%	3%	4%	7%	2%	9%	8%	6%	6%	8%	7%	4%	7%	5%	2%	4%	0%	0%
3%	7%	4%	3%	5%	2%	4%	6%	4%	3%	2%	4%	2%	2%	4%	4%	0%	1%
3%	3%	4%	1%	2%	2%	4%	3%	2%	1%	5%	2%	5%	2%	2%	4%	0%	0%
9%	7%	12%	5%	5%	7%	8%	6%	4%	5%	5%	4%	7%	5%	8%	0%	0%	1%
6%	3%	4%	4%	2%	4%	4%	3%	4%	3%	2%	4%	5%	4%	2%	4%	0%	1%
9%	7%	4%	5%	2%	4%	4%	3%	4%	4%	7%	6%	4%	2%	2%	4%	0%	1%
6%	3%	8%	3%	2%	2%	4%	3%	2%	3%	2%	2%	4%	4%	8%	0%	0%	1%
6%	3%	4%	4%	2%	4%	4%	3%	2%	1%	5%	4%	4%	2%	2%	4%	0%	0%
3%	3%	8%	7%	2%	4%	4%	9%	6%	4%	5%	2%	4%	5%	7%	4%	0%	2%
6%	7%	12%	12%	7%	11%	8%	6%	11%	11%	2%	2%	5%	5%	4%	4%	0%	3%
3%	3%	4%	1%	2%	2%	4%	3%	2%	1%	2%	2%	2%	2%	4%	0%	0%	1%
6%	3%	8%	7%	5%	4%	8%	11%	4%	5%	2%	6%	4%	4%	7%	4%	0%	1%
3%	7%	4%	7%	2%	2%	4%	9%	6%	4%	2%	2%	2%	5%	7%	4%	0%	1%
3%	3%	4%	1%	2%	2%	4%	3%	2%	1%	2%	2%	2%	2%	2%	4%	0%	0%

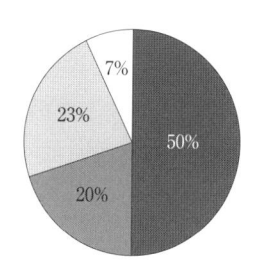

■ 大いに助けになった(大いに励みになった)

■ かなり助けになった(かなり励みになった)

□ 少しは助けになった(少しは励みになった)

□ あまり助けにならなかった(あまり励みにならなかった)

▨ 全く助けにならなかった(全く励みにならなかった)

50%　20%　23%　7%

図 7-8　受け入れ側の協働活動の評価

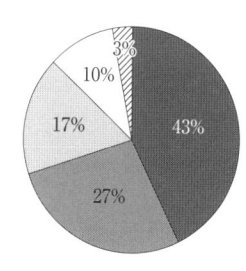

■ たくさん話すことができた(概ね 10 分以上)

■ かなり話すことができた(概ね 3 分以上 10 分未満)

□ 少しは話すことができた(概ね 3 分未満)

□ 双方向での会話はなかったが,相手の話は聴くことはできた

▨ 全く話すことができなかった

43%　27%　17%　10%　3%

図 7-9　コミュニケーション量

が「たくさん話すことができた（概ね10分以上）」と回答し，「かなり話すこと
ができた（概ね3分以上10分未満）」の27％を合わせると7割に達した。しかし，
実習において意図的に対話の時間を取らないとこうした割合にはならなかった
と思われる（**図7-9**）。

③リピート意識

「今後もこのような合同実習が開催されるとしたら，受け入れたいと思いま
すか？」という問いに対しては，「強くそう思う」が57％となり，「そう思う」
の33％を合わせると9割に達した。受け入れは手間と煩わしさを伴うもので
あるが，それを乗り越えて協働活動への理解が得られたと思われる（**図7-10**）。

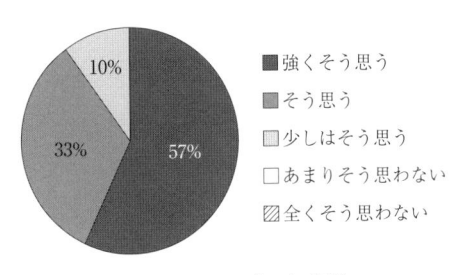

凡例：
- 強くそう思う
- そう思う
- 少しはそう思う
- あまりそう思わない
- 全くそう思わない

（10%、33%、57%）

図7-10　リピート意識

第3節　地域協働の効果と課題

本章では，地域協働の評価を，学び手の資質能力向上からみた評価，活動量
からみた評価，総合学習の成熟度からみた評価，受け入れ側から見た評価の4
つについて述べた。以上をまとめると以下のようになる。

(1) 地域協働の効果のまとめ

・地域協働活動経験があると資質能力が向上する。特に社会参画力，課題発見
　力，行動持続力などの自己評価が高くなる。

・高校は小中に比べ地域と疎遠になり活動数は小さくなるが，卒業生よりも現
　役高校生が最も活動経験が豊富である。新学習指導要領に沿った地域連携型

学びが浸透しつつあると思われる。

・まだ多くの学校では総合的な探究の時間では修学旅行準備とキャリア学習など従来型のプログラム中心で行われていると考えられる。

・生徒の記憶に残るような課題研究に取り組んでいる学校はまだ半分程度であり，与えられた一つのテーマにグループで取り組んだ例が多い。

・地域協働の経験機会が多い生徒ほど，思考力・判断力・表現力が高まる。

・校外活動や実験系の学習は協働活動につながっているが，修学旅行・キャリア教育や単なる調べ学習は協働活動につながっていない。

・課題研究を実施した方が協働活動に繋がっている。また，テーマを自由に設定した方が活動に繋がっている。

・個人単位で課題研究を進めると「人助け」系活動に繋がりやすく，グループ単位で課題研究を進めると「経済」「環境」「まちづくり」系の活動に繋がりやすい。

・地域協働の相手組織からは活動の助けになったとの評価を受けている。

・若い世代との会話の機会があるだけでも相手組織の活性化につながる。

(2) 評価からみた地域協働の方向性

評価からみた地域協働の方向性についてまとめると，以下のようになる。

・「持続可能な社会の創り手」の育成のためには，生徒の意識・行動変容だけでなく，学校の目標として，地域や国際社会の課題解決（= SDGs 達成への貢献）を目指すべきである。

・地域や国際社会の課題解決には，地域協働活動が有効である。学校においては正課教育のみならず生徒個人の自主的活動を推進することが重要である。

・総合的な探究の時間では，社会課題解決の貢献を強く意識したテーマを設定したり，外部組織へのヒアリングや活動経験の場や機会を設定することが必要。

・課題研究においては，成果として調べ学習あるいは提案で終わるのでなく，いわゆる“プロジェクト型”＝協働活動を実践するところをゴールとして設定したほうが良い。

・地域協働の相手組織のメンバーの固定化・高齢化による活動の硬直化や縮小を防ぐために次世代が関わるべきだが，相手組織の意識改革や行政の支援ルールの見直しが必須である。

引用・参考文献

Arnstein, Sherry R. (1969) A Ladder of Citizen Participation. *Journal of American Institute of Planners*, 35, pp.216-224, http://lithgow-schmidt.dk/sherry-arnstein/ladder-of-citizen-participation_en.pdf (2024 年 10 月 26 日現在)

中口毅博 (2024)「地域協働が資質能力向上に及ぼす効果の評価―高校生・大学生を対象として―」『日本環境教育学会第 18 回関東支部大会要旨集』pp.33-34.

中口毅博 (2022)「小中高および大学生の社会活動経験の有無に関する分析」『日本環境教育学会第 33 回年次大会研究発表要旨集』p.28.

中口毅博 (2022)「学校教育における評価項目案」「環境教育プログラムの評価」研究会『日本環境教育学会第 33 回年次大会研究発表要旨集』p.142.

中口毅博 (2022)「総合的な学習活動における小中高大を通した資質・能力の評価尺度の提案と検証」日本 ESD 学会 第 5 回大会.

第8章

地域協働を効果的に進めていくために
―留意点と課題

荻原　彰

　ここまでの構成からわかるように，本書では地域協働の類型を4つ設定し，各類型について研究者による解説と実践者による事例を述べてきた。各章で類型ごとの具体例や課題については述べているので，本章ではそれら具体例は各章に譲り，具体からは少し距離を置き，メタ的な視点で地域協働を効果的に進めていくための留意点と課題について述べてみたい。

第1節　高校の教育における地域協働の意味

　地域協働の意味を改めて確認しておきたい。近代公教育の主たる目的は個人の十全な発達を保障し，同時に国家を支え発展させる人材を供給することであった。地域人材の育成，つまり「地域を支える人を育てる」ことについて言及されることはあっても二次的なものであったといえよう。しかし人口減少に伴い地域の経済的・文化的衰退（それは地方に限らない，大都市のインナーシティでも確実に進行している）が進む中で，それまで後景に退いていた「地域を支える人を育てる」が教育の重要な課題として意識されるようになってきたのである。

　「地域を支える人を育てる」にはいくつかの含意がある。たとえば地域産業や教育・福祉・医療・行政のような基本的社会サービスを担う人材を育てるといった意味，つまり地域を実務的に支える人材を育てるという意味がある。また地域への愛着や誇り，地域のさまざまな課題への当事者意識といった市民性を育てるという意味も持っている。この2つは密接な関係にあり，後者は前者の基盤となっている。人材が地域に根づくには，地域への愛着を持つこと，地

域とのつながりを実感することが不可欠だからである。

　一方，地域協働を経験してきた教師からは，協働を進めることによって生徒の学習へのモチベーションや進路への意識の向上が見られたという話もよく聞く。なぜこのようなことが起こるのだろうか？　一つの理由は系統づけられた知識を教師の計画に沿って順々に学ぶ教科の学習とは別の次元を地域協働が学校に持ち込むからであろう。地域に出て行って地域の人々と話し合ったり，地域課題解決のための行動に共同して取り組むといった経験を積むことは，座学では得られにくい現実感覚や，状況に自ら働きかけて何事か変えられることがあるという自己有能感を与えてくれる。地域協働の活動は学校での教科学習や進路選択といったいわば学校の本筋とは別立てで行われることも多いが，それでも一人の人間が両方を経験しているのであるから，本筋の方面にも地域協働で得た自己有能感等があふれだしてくるのである。もう一つの理由は地域協働がいろいろな関係性の中で行われることであろう。本書の中にもあるように，高校生は地域協働の中で多様な人々とかかわっている。たとえば小中学生を高校生が指導したり，大学生や卒業生が課題研究を指導してくれたり，地域の人々にあれこれと教えてもらったり，企業インターンシップで企業の方に仕事の段取りを教わったりというようにタテヨコナナメいろいろな関係を体験する。その関係性の中で進路への意識やそのための学習への動機づけが触発される。たとえば「地域に戻って幼稚園の先生になりたい」というような意識がはぐくまれるのである。

　このように地域協働は「地域を支える人を育てる」という教育目的に貢献するだけではなく，真正な学び（社会的実践への参画という具体的な状況に埋め込まれた学び）の場となることによって教育の質を高めるという側面を持っている。

　地域協働は高校教育に新しい可能性を開くだけではない。地域協働により「地域が元気になった」という声も，特に人口減少地域の高校ではよく聞かれる。若者が地域で活動することは地域に華やぎをもたらすし，頼ってきてくれる若者の世話をしたり，自らの経験を伝えること，それによって若者が成長していくのを見ることは，多くの人にとってそれ自体が楽しい経験になる。若者が地

域で動き回ることが大人どうしの新しい関係性を生み出してくれることもある。高校の地域協働は「地域の未来」だけでなく「地域の今」も豊かにする活動ととらえることもできるのである。

第2節　教科と地域協働をつなぐ

　上でも少し述べたが，地域協働活動は教科とは別立てで行われることが多い。どちらも必要なのだから別立てでも良いようにも思うが，たとえば白馬高校の浅井氏が「地域にはキーパーソンとなる人物が何人かいるので，その方と教員がつながり，各教科の授業に還元・転換できるような仕組みを構築したい」(実践事例5) と述べているように，教科と地域協働をつなぎたいという教師の課題意識も確かに存在する。

　この課題は ESD (持続可能な社会のための教育) や情報教育のような教科とは独立した独自の目的を持ち，その達成のために教科横断的な学びが必要となる種類の教育と共通する課題である。

　課題に対するアプローチは2方向から考えられる。一つは教科側からのアプローチである。たとえば教科の目標を達成するツールとして地域協働を利用することができる。美術の描画の課題として地域の公共施設の壁に絵を描いたり，公民科で自治体の直面する政策課題とそれへの対応をとりあげるといったことである。専門高校の場合，工業，農業などの専門科目は実習との関連もあり，地域を事例として取り込むことは相当程度可能である。本書でいえば多賀城高校がこのタイプのアプローチと考えられる。

　逆に地域協働を進めるプロセスの一部として教科の学びを取り入れることもできる。農業，観光，生物多様性などの地域課題の現場に即して地域を学ぶことは一種の探究である。探究はその性質上，計画どおりに進んでいくというようなものではないが，かといってやみくもに行われるわけでもない。教師やコーディネーター，助言者等探求にかかわる人々は学びのプロセスを一つの探求の物語 (ストーリー) として構想し，その物語のどこで何が学ばれるかを想定して

いるはずであり，それを教科と紐づけることは可能である。

　実をいうと課題研究や課外活動はこの種の事例の宝庫である。一例として鹿児島県立国分高校のサイエンス部の「ツクツクボウシに方言があった ?!」という研究をあげてみよう。サイエンス部の生徒は大隅諸島（屋久島など）のツクツクボウシが本土や種子島などのツクツクボウシと異なった鳴き方をすることに注目し，鹿児島大学の支援を受けながら，音声，形態，DNA による比較を行い，「「屋久島方言個体群」は分類学的には，同じ種の中で鳴き声のみが異なる生態的変異であり，「型（生態型）」と考えるのが妥当」という結論を導いた。そして屋久島方言の地理的分布から，屋久島方言で鳴くようになった突然変異個体の一部が大隅諸島を襲った巨大火砕流に覆われなかった屋久島南部で生き延び，それが大隅諸島に拡大していったという結論に到達した（鹿児島県立国分高校，2016）。生徒は，この研究の過程で主成分分析，統計的検定という数学的手法，音声解析という物理的手法，DNA 分析とそれに基づく系統樹作成という生物学的手法を学び，遺伝的変異の意味，火砕流の発生と生物への影響という生物学や地質学の知見を学んでいった。地域を研究することによって数学や自然科学を学んだのである。さらに言うなら論理的思考やプレゼンテーションスキルも学んだのだといえる。

　「この事例が教科に紐づいているのか？」と疑問に思う方もおられるかもしれない，確かに学習指導要領に記述される教科の内容項目と厳密に対応しているわけではない。また授業と異なり，生徒全員が同じ内容を学ぶわけではなく，一つの探究に参加する生徒の数は限られている。しかし教科とのつながりを厳密に考えすぎると教科の枠組みの中に地域協働を閉じ込めることになり，地域協働の可能性の芽を摘んでしまうことになりかねない。一つの探究に参加する生徒の数は限られていることも，そもそも地域の多様性に応じて探究が分化していくのはむしろ自然なことであると考えることができる。ただし注意すべきことはある。探究のプロセスの中で獲得する知識やスキルを単に探究のために必要なツールとして扱うのではなく，それ自体が価値あるものであり，その背後に学問の豊饒な世界が広がっていること，それらの知識やスキルを学問への

入り口になることを生徒に意識させることである。それによって，教科という
か教科の背後に広がる学問の世界と地域協働を確実に結んでいくことが可能に
なる。地域協働と教科の関係をあまり厳格に考えず，地域協働という旅のとこ
ろどころに学問への門が開いており，教師の役割はその門を見逃さず，少し開
いてあげて，その先にある世界を垣間見させてあげることだと考えるならば，
地域協働と教科が生産的な関係を取り結ぶことができるだろう。

　生徒の探究をベースとして地域協働活動と教科を結ぶ試みは，教師の役割や
専門性の中身を変えていく可能性もある。高校の教師は教科の背景となる学問
知の体系やスキルを系統的に学習してきた教科の専門家である。このこと自体
は今後も変わらないが，生徒の探究は必ずしも教科の枠の中におさまるわけで
はなく，学際的に進んでいくことも多いし，むしろその方が望ましい。である
ならば，予想される探究の道筋に応じて自分の専門外のことも学んだり，他の
教科の教師と協働したり，学校外からリソース・パーソンを見つけ，呼んでき
て指導してもらったりということは教師の教科以外の余技ではなく，本質的な
仕事になる。

　その場合，教師は系統的な知識・スキルの高みに立つ人というよりも，その
時々の生徒の学び，生徒の姿，時には中口が7章で述べているような資質・能
力の客観的基準を鏡とし，それに応じて「自分は何を知らなければならないか」，
「どうやったらそれを知ることができるか」を絶えず考え，学んでいくことが
できる人ということになるだろう。これは教育学でいう反省的実践家というイ
メージに極めて近いと私は考える。地域協働を効果的に進める教師は反省的実
践家であることが求められているといえるのである。

　もう少し話を進めよう。地域協働が反省的実践家としての教師を要求すると
いうことならば，そのような教師を育てていく教育（政策的にいえば教員研修）
はどのように行われるべきなのだろうか。確たることは言えないのだが，少な
くとも現在文部科学省が提起しているような「研修履歴を活用した対話に基づ
く受講奨励」（文部科学省，2022）の政策におさまりきれるものではない。何か
体系的な研修を受講してそれを研修履歴として蓄積していくというような学び

ではなく，地域協働の実践の中から問題とそれに応じた学ぶべきことを見出し，学ぶべきことに即して学ぶ場を見出していくという多分にプリコラージュ的学び（ツールや知識をあれこれと寄せ集めて問題に対応しようとする学び）となるだろう。このような学びは教師の自発性に依拠したオーダーメイドの学びでなければならないし，学ぶ場はどこか，だれから学ぶのかも教師自身が主体的に選択する必要がある。学びの場は，ある時は他校の教師や生徒との交流，ある時は地域の産業の現場，ある時は大学等の提供する専門的講義や学会への出席というように非常に多様なものになる。研修としての外形をとらなくても，教師の学びにつながるものならば，それはすべて研修である。行政や管理職の役割は，このように研修を，形ではなく，内容として考え，教師の自発的な学びを保障する条件を整えていくことだと考える。

第3節　地域貢献の芯となる活動の伝統化により地域を支える

地域協働は上に述べたような高校生が自らの興味関心に基づいて課題を設定し，追求していくタイプのものがある一方で，何年にもわたって行われ，学校の伝統となっている活動もある。本書でいえば多賀城市内に津波波高標識を設置する活動，「まちあるき」案内による津波伝承活動を行っている多賀城高校を例としてあげることができる。「これらの活動は，自治体や企業，NPO などに依ることなく，学校独自で発展を遂げ，先輩から後輩に語り継がれる伝承活動となっている」（本書第5章）にあるように多賀城高校の場合は先輩から後輩へと伝承され，自治的要素がたぶんに入った活動として根づいている。

このような多くの生徒が参加し，生徒による地域貢献の中心的活動となっているもの，先輩から後輩へと伝承され，自治的要素が存在する活動については，それを学校の伝統としてフォーマルに位置づけ，スクール・アイデンティティとして認知し，地域においても学校においても継続に向けた積極的な措置を行うこと（たとえば予算化，支援する人員の配置）が望ましい。すでにその方向で取り組んでいる学校も多いと思われるが，あえてここで強調するのは，2つの

理由がある。一つは生徒の中に地域協働の活動が伝統として根づいていくと，地域の中でも卒業生の中でも学校の伝統としてその活動が認知され，学校が地域の中に深く根づいていく力となるからである。

　もう一つは，活動が地域を実務的に支えることにつながるからである。少し話が飛ぶが，「若者組」という言葉がある。地域によって多少の意味の異同があるが，おおむね15歳で加入し，結婚または一定年齢になったら脱退する自治的な若者集団（ただし男子に限定）で，地域の防災，治安，祭礼に大きな役割を果たしていた。明治以降は公教育の普及に伴って衰退していった。若者は大人への単なる準備段階ではなく，共同体の機能の一部を委任され，その機能を遂行するにあたっての自律性を共同体から保証されていた。若者頭は，祭礼等の若者組の公務においては，大人集団のトップである村長（むらおさ）と同等の権威を持っていたのである。若者組はある種の教育機関としての機能も持っていた。若者は，祭礼はどのような段取りで行われるのか，村を洪水から守る要はどこか，年長者にはどのようにふるまえばよいのか，年少者をどう育てるのかといったことについて若者組の中で経験的に学ぶことができた。

　現在，高校生はもっぱら教育サービスの消費者と考えられており，地域を支える実務を高校生に期待することはほとんどない。高校生に地域での活動を課す場合でも，その活動の教育的意義が語られることはあっても，それが地域に実務的に貢献したかどうかはほとんど問われないのが普通である。そのような語りはある種の動員，勤労奉仕のようにとらえられるからであろう。しかし高校生は防災・祭礼などの地域の実務の一部を担えるポテンシャル（潜在能力）を持っている。そのポテンシャルを活用する，高校生に地域の機能の一部を恒常的に担ってもらうことは，ポテンシャルを顕在化させるという意味で高校生の教育にもなり，同時に地域を支えることにもなる。むろん封建的・抑圧的な要素があってはならないが，それを前提とした若者組の部分的復活を考えてもよいのではないだろうか。

　ただし，地域の実務を担うことは，地域を支えるための労働を単に高校生に割り当てるということではない。それでは地域の実務への強制感・嫌悪感が生

じてしまう可能性がある．高校生が発意する存在，主体的に行為できる存在として実務を受け持つ必要がある．そのためには，ルーティンではなく，自分たちが行うことが地域にとってどのような意味を持つのかをみんなで考える機会を持ち，業務計画を共同で立案する，そして結果もみんなで振り返るといったプロセスを組み込んだ実務とすることが必要であろう．そのことによって責任感も生まれ，地域へのコミットメントが高まることが期待できる．

第4節　地域の小中学校とのつながり

　神戸大学附属中等教育学校は，地域の小中学校への防災学習出前授業を行っているが，このように地域協働の一環として高校生が地域の小中学校（特別支援学校を含む）の児童生徒の学習にかかわることは，高校の地域協働では比較的広く行われているものの一つである．

　これにはいろいろな効用が考えられる．一つは教えるという行為が教える側にもたらす作用である．他者に理解してもらうように教えること，そのための準備をすることは教える側の学びを効果的に促進する．人に教えるためには，教える側が，教える内容を整理された見通しの良いもの，構造化されたものにしていく必要があるが，その過程は学びそのものである．「教えることは学ぶこと」である．もう一つはケアするという行為の持つ教育的効果である．高校生が地域協働で関わるのは，多くの場合，地域の人々，行政官，研究者といった年長者，指導してくれる人である．一方，小中学校の児童生徒は高校生から見て年少者である．年長者が年少者と触れ合う場合，それが単に知識の伝達である場合であっても，年少者へのケアの視線，注視し，傾聴し，世話をする視線が自然に生まれてくる．これは高校生にとって貴重な経験となりうる．

　しかしここで強調したいのは地域の小中学校と協働することの持つ戦略的効用である．第1章で高校の一つの類型として地域密着型の「おらが学校」があることを述べたが，そのような高校の立地している地域は一般に人口減少が激しく，廃校の危機に瀕している高校も多い．地域住民や自治体の思い入れが強

いにもかかわらず，地元の中学校の学力上位層は都市の進学校へと流出してしまう。保護者や中学生の志向と住民の思いがずれているのである。このずれを埋めるには中学生やその前段階としての小学生への働きかけ，具体的には地元校の魅力を小中学生に伝えることが不可欠である。その最も効果的な手法は高校生が中学生の地域学習を支援する等，高校生が直接小中学生と触れ合い，生き生きと楽しく活動している姿，先輩として指導してくれる頼もしい姿を見せることであろう。

なお付言するならば，連携型の中高一貫においてカリキュラムを高校と中学校ですり合わせてカリキュラムを連続的なものにするべきという考えもあるが，筆者は懐疑的である。筆者が三重県の中山間地に所在するある高校にインタビューした際に，その高校の校長は地元の中学校出身ではない生徒も入学するので，中学校のカリキュラムの上に高校のカリキュラムを積み上げるのはむずかしい。むしろ高校生の発意する地元産品の活用などのプロジェクトに中学生を巻き込む方向にシフトしていると語っていた。このような方向の方がより生産的であると考える。

専門高校の場合も高校生が中学生を指導する等，高校生がリードする活動に中学生に参加してもらうことは有効であろう。本書でいえば，白馬高校の国際観光科，多賀城高校の災害科学科は中学校に類似の授業がなく，何を学ぶのか，どんな進路があるのか等について見当がつけにくい。説明会などで教師が説明しても，やや間接的になってしまってイメージしにくい。高校生の姿を見てもらう方が効果的であろう。

第5節　地域協働のフロンティアとしての都市進学校

都市進学校は地域協働とはやや縁遠い印象がある。海外研修を行っている高校も多く，どちらかというとグローバル人材あるいは国家の指導的人材を目指した学校であるというイメージが強いのである。本書の作成のきっかけとなった科研でも当初は都市進学校は視野に入っていなかった。しかし6章の新渡戸

文化高校，神戸大学附属中等教育学校，大宮国際中等教育学校等の例に見られるように，非常に優れた地域協働の実践が見られる場合も多い。

　ここで注目しておきたいのは，現在の都市進学校，特に SGH（ただし文科省による指定は 2021 年度までで終了している）や SSH に指定されている高校，IB 校（インターナショナル・バカロレア：国際バカロレア機構が提供する教育プログラムとして認定を受けている学校）では課題研究が重視されていることである。課題研究では個人やグループの興味関心に応じてさまざまなテーマが取り上げられるが，たとえば神戸大学附属中等教育学校では「官民共同減災インフラとしての自動販売機の可能性—神戸市東灘区における実態調査を通じて—」，「これからの社会に求められるショッピングセンターとは—神戸・阪神地域の消費生活をもとに—」，「都市景観の与える印象：都市景観の印象を変化させる要因と印象改善の方法」（西宮市の都市景観を対象としている）（いずれも優秀卒業研究の例）（神戸大学，2023）といった地域課題を緻密に調査分析し，課題解決の提言に踏みこんだ課題研究が見られる。人口減少地域の高校に見られるように全員が一致して地域課題に取り組むわけではないが，課題研究の時間の確保や教師による個別指導といった体制が整っており，都市に位置していて，卒業生に研究者など専門的指導ができる人材が豊富で，指導を依頼することも比較的容易であるといった恵まれた条件がそろっている。地域課題の解決に援用できるような突出した成果が生まれる可能性がある。その意味で都市進学校は地域協働のフロンティアとなりうるのであり，注目していく必要がある。

引用・参考文献

鹿児島県立国分高校 (2016)「サイエンス部昆虫班ツクツクボウシに方言があった?! 7300 年前の大火砕流が生態系におよぼした影響を探る」https://activity.miraibook.jp/live/2016sobun/pb016/

神戸大学 (2023)『課題研究優秀論文集』https://da.lib.kobe-u.ac.jp/da/kernel/cate_browse/?codeno=002&schemaid=30000&catecode=002079#

文部科学省 (2022)「研修履歴を活用した対話に基づく受講奨励に関するガイドライン」https://www.mext.go.jp/content/20230331_mxt-kyoikujinzai01_000023812-1.pdf

（URL 参照日は 2024 年 10 月 26 日現在）

おわりに

　本書は，全国の高等学校（以下，高校）が，地域とどのように連携しながら教育活動を推進し，学校と地域の在り方を変えていこうとしているのかを，「協働」という観点から考察した書である。

　本書における「協働（collaboration）」とは，高校が多様な主体（地域・行政・企業・研究機関・民間団体等）と同じ目的を共有し，各主体の特性を活かしながら協力して教育活動を進めることを意味する。それは，SDGsの目標17「パートナーシップで目標を実現しよう」にもつながる概念として位置づけてもよい。本書の各章で紹介した高校では，生徒が地域の環境，産業，社会に関わる諸課題を解決する活動に取り組んだり，その過程で地域と自分自身の価値を再発見する様子がよく描かれていた。また，教員が生徒自身の潜在的な能力を引き出し，将来への希望を展望させていることもうかがえたのではないか。これらのことは，協働的な教育活動が，地域の課題を解きほぐし，地域を活性化することから，高校が地域創生（持続可能な地域づくり）の拠点となり得ることも示唆している。

　紹介した事例は，高校と地域のパートナーシップの「望ましい実践」であることにちがいはないだろう。そこには，協働のプラットフォーム構築，教科・領域横断型の教育課程の編成，教員と地域の負担，生徒の進路指導等の難しい課題があることは想像できるが，高校教育の未来に一つの明るい展望も示しているはずである。

　いっぽう本書では，全国の高校の地域協働について学術的な検討を行った。第1章での実践による類型化，第2章での地域協働の内容と課題，そして第7章での地域協働の評価が，それである。いずれも，全国の高校への質問紙調査を踏まえた分析であり，現在の地域協働の実態と課題を客観的に評価することができたことと思う。

　特に，第7章では，⑴「地域協働の効果」として「地域協働経験があると資

質・能力が向上する，特に社会参画力，課題発見力，行動持続力などの自己評価が高くなる」との知見が示され，⑵「地域協働の方向性」として「『持続可能な社会の創り手』育成のためには，生徒の意識・行動変容だけでなく，学校の目標として，地域や国際社会の課題解決（＝SDGs達成への貢献）を目指すべきである」との知見が示されている。このことから，地域連携が，表層的なネットワーク形成を超えて，「生徒の資質・能力や人間性を高める」ことと，当該校の教育目標を地域関係者の間で協議し合意することの重要性を示唆している。筆者は，「地域協働は，『地域再生』のために推進されることが多く，生徒をそこに〈お飾り参画〉させる教育活動に陥りがちではないか」との疑念を仄聞することがあったが，この2つの知見を参照すれば，むしろ地域社会に参画することによる生徒の成長と，高等教育の問い直しにつながる可能性を予見するものである。

　本書の読者が，地域協働を通した高校の教育改革，生徒の「学びに向かう力・人間性」を問い直す際の一助になることを祈念する。

編者　小玉　敏也

索　引